20
24

PAULO
DE BESSA
ANTUNES

RESPONSABILIDADE CIVIL AMBIENTAL

UMA BREVE INTRODUÇÃO

Dados Internacionais de Catalogação na Publicação (CIP) de acordo com ISBD

A636r   Antunes, Paulo de Bessa
        Responsabilidade civil ambiental: uma breve introdução / Paulo de Bessa Antunes. - Indaiatuba, SP : Editora Foco, 2024.

        144 p. : 16cm x 23cm.

        Inclui bibliografia e índice.

        ISBN: 978-65-6120-073-8

        1. Direito. 2. Direito ambiental. 3. Responsabilidade civil ambiental. I. Título.

2024-669   CDD 341.347   CDU 34:502.7

Elaborado por Vagner Rodolfo da Silva - CRB-8/9410

Índices para Catálogo Sistemático:

1. Direito ambiental 341.347

2. Direito ambiental 34:502.7

PAULO
DE BESSA
ANTUNES

RESPONSABILIDADE CIVIL AMBIENTAL

UMA BREVE INTRODUÇÃO

2024 © Editora Foco

Autor: Paulo de Bessa Antunes
Diretor Acadêmico: Leonardo Pereira
Editor: Roberta Densa
Assistente Editorial: Paula Morishita
Revisora Sênior: Georgia Renata Dias
Capa Criação: Leonardo Hermano
Diagramação: Ladislau Lima e Aparecida Lima
Impressão miolo e capa: FORMA CERTA

DIREITOS AUTORAIS: É proibida a reprodução parcial ou total desta publicação, por qualquer forma ou meio, sem a prévia autorização da Editora FOCO, com exceção do teor das questões de concursos públicos que, por serem atos oficiais, não são protegidas como Direitos Autorais, na forma do Artigo 8º, IV, da Lei 9.610/1998. Referida vedação se estende às características gráficas da obra e sua editoração. A punição para a violação dos Direitos Autorais é crime previsto no Artigo 184 do Código Penal e as sanções civis às violações dos Direitos Autorais estão previstas nos Artigos 101 a 110 da Lei 9.610/1998. Os comentários das questões são de responsabilidade dos autores.

NOTAS DA EDITORA:

Atualizações e erratas: A presente obra é vendida como está, atualizada até a data do seu fechamento, informação que consta na página II do livro. Havendo a publicação de legislação de suma relevância, a editora, de forma discricionária, se empenhará em disponibilizar atualização futura.

Erratas: A Editora se compromete a disponibilizar no site www.editorafoco.com.br, na seção Atualizações, eventuais erratas por razões de erros técnicos ou de conteúdo. Solicitamos, outrossim, que o leitor faça a gentileza de colaborar com a perfeição da obra, comunicando eventual erro encontrado por meio de mensagem para contato@editorafoco.com.br. O acesso será disponibilizado durante a vigência da edição da obra.

Impresso no Brasil (4.2024) – Data de Fechamento (4.2024)

2024
Todos os direitos reservados à
Editora Foco Jurídico Ltda.
Rua Antonio Brunetti, 593 – Jd. Morada do Sol
CEP 13348-533 – Indaiatuba – SP
E-mail: contato@editorafoco.com.br
www.editorafoco.com.br

Sou amigo de Platão, mas sou mais amigo da verdade.

(Aristóteles)

Quem escreve sobre o direito tem que atravessar caminhos cheios de inimigos, o que não acontece com outras esferas do saber.

(Louis Assier-Andrieu)

ABREVIATURAS

ACP – Ação Civil Pública

ADI – Ação Direta de Inconstitucionalidade

APP – Área de Preservação Permanente

Art. – artigo

C.F. – Constituição Federal

c/c – Combinado com

CAR – Cadastro Ambiental Rural

CCB – Código Civil Brasileiro

CDC – Código de Defesa do Consumidor

CJF – Conselho da Justiça Federal

CMN – Conselho Monetário Nacional

CNEN – Comissão Nacional de Energia Nuclear

CNJ – Conselho Nacional de Justiça

CPC – Código de Processo Civil

DJe – Diário da Justiça Eletrônico

EIA – Estudo (Prévio) de Impacto Ambiental

GEE – Gases de Efeito Estufa

IBAMA – Instituto Brasileiro do Meio Ambiente e dos Recursos Naturais Renováveis

LINDB – Lei de Introdução às Normas do Direito Brasileiro

LMA – Lei da Mata Atlântica

MP – Ministério Público

OCDE – Organização para a Cooperação e Desenvolvimento Econômico

PNMA – Política Nacional do Meio Ambiente [Lei 6.938/1981]

PNRA – Programa Nacional de Reforma Agrária

PNRS – Política Nacional de Resíduos Sólidos

PPP – Princípio do Poluidor Pagador

RCDA – Responsabilidade civil por danos ambientais

REsp. Recurso Especial

SNUC – Sistema Nacional de Unidades de Conservação

TJ – Tribunal de Justiça

TRF – Tribunal Regional Federal

SUMÁRIO

ABREVIATURAS VII

PRIMEIRAS PALAVRAS XIII

CAPÍTULO 1 – A RESPONSABILIDADE CIVIL 1

  1.1 A ideia de responsabilidade 2

      1.1.1 Direito "justo" e proporcionalidade 3

      1.1.2 Responsabilidade e segurança jurídica 4

  1.2 Espécies de responsabilidade civil 5

  1.3 As funções da responsabilidade civil 6

      1.3.1 Função econômica 7

      1.3.2 Funções dissuasória e repressiva 9

  1.4 Os limites da responsabilidade civil 9

  1.5 A ética da responsabilidade 11

      1.5.1 A ética em Hans Jonas 12

      1.5.2 A responsabilidade segundo Hans Jonas 13

CAPÍTULO 2 – RESPONSABILIDADE CIVIL AMBIENTAL E RISCO 17

  2.1 Princípio da responsabilidade 17

  2.2 A responsabilidade civil ambiental 19

      2.2.1 O risco como fundamento da responsabilidade 20

          2.2.1.1 Modalidades de riscos 22

             2.2.1.1.1 Risco abusivo ou intolerável 24

      2.2.2 O risco integral na jurisprudência do Supremo Tribunal Federal e do Superior Tribunal de Justiça 26

          2.2.2.1 Supremo Tribunal Federal 26

          2.2.2.2 Superior Tribunal de Justiça 28

2.2.2.2.1 Configuração da responsabilidade civil por danos ambientais pelo STJ 28

2.3 Crítica à teoria do risco integral em matéria ambiental 30

2.3.1 Limites interpretativos 31

2.3.2 Excludentes de responsabilidade no direito ambiental brasileiro 32

2.3.2.1 Excludentes de responsabilidade ambiental em outras ordens jurídicas 34

CAPÍTULO 3 – POLUIDOR PAGADOR E RESPONSABILIDADE 37

3.1 O princípio do poluidor pagador 37

3.1.1 A poluição como externalidade 39

3.2 Princípio poluidor pagador e responsabilidade 42

3.2.1 O princípio do poluidor pagador no direito brasileiro 42

3.2.2 A aproximação do PPP com a responsabilidade civil 43

3.2.2.1 O Poder Judiciário e o Princípio do Poluidor Pagador 44

CAPÍTULO 4 – O RESPONSÁVEL PELO DANO AMBIENTAL 47

4.1 Os poluidores na Política Nacional do Meio Ambiente 48

4.1.1 Poluidor direto 49

4.1. 2 Poluidor indireto e responsabilidade indireta... 50

4.2 O poluidor indireto 51

4.2.1 A afirmação doutrinária do conceito de poluidor indireto... 53

4.2.1.1 Visão crítica do conceito 54

4.2.2 A construção jurisprudencial do conceito de poluidor indireto 55

4.2.3 As instituições financeiras e o conceito de poluidor indireto 58

4.2.3.1 Obrigações ambientais das instituições financeiras 59

4.2.3.1.1 Resoluções do Conselho Monetário Nacional ... 60

4.2.3.1.2 A jurisprudência sobre a matéria 63

4.3 A responsabilidade pelo fato de terceiro no direito ambiental brasileiro .. 68

CAPÍTULO 5 – NEXO DE CAUSALIDADE 71

5.1 A relação de causa e efeito 71

5.1.1 O parágrafo único do artigo 927 do Código Civil 73

5.1.1.1 O entendimento do artigo 927 do Código Civil pelo Conselho da Justiça Federal 74

5.2 As principais teorias explicativas 75

5.2.1 Teorias específicas para a responsabilidade por danos ao meio ambiente 77

CAPÍTULO 6 – DANO AMBIENTAL................................ 79

6.1 Introdução 79

6.2 O conceito de dano................................ 80

6.2.1 A poluição 83

6.2.1.1 A poluição na Política Nacional do Meio Ambiente............ 84

6.3 O dano ambiental 85

6.3.1 Espécies de danos ambientais 86

6.3.1.1 Dano ambiental quanto à sua natureza 86

6.3.1.1.1 Presunção legal e presunção fática 88

6.3.1.1.1.1 Dano ambiental presumido 90

6.3.1.2 Danos punitivos 91

6.3.2 Dano ambiental quanto à sua recuperação 92

6.3.2.1 Compensação, mitigação e recuperação 94

6.3.2.1.1 Críticas aos conceitos normativos 96

6.3.3 Dano moral ambiental 97

6.3.4 Danos em larga escala e ecocídio 98

6.3.5 A reparação do dano ambiental................................ 101

6.3.5.1 A apuração do dano ambiental................................ 102

6.3.5.2 Recuperação natural e proporcionalidade 104

CAPÍTULO 7 – DANO AMBIENTAL E PRESCRIÇÃO................................ 107

7.1 A prescrição é a regra na ordem jurídica 107

7.1.1 Prescrição e decadência 109

7.1.2 Alguns modelos de regime prescricional 110

7.2 A imprescritibilidade na Constituição Federal e a matéria ambiental 112

REFERÊNCIAS 117

PRIMEIRAS PALAVRAS

Este livro parte de um pressuposto que é o seu compromisso com a defesa do meio ambiente como um dever fundamental que se impõe a todos. No entanto, como dar cumprimento a esse dever é matéria controversa. Da Conferência de Estocolmo até os dias atuais, o papel desempenhado pelo meio ambiente e sua proteção mudou de forma radical. Passou-se de uma preocupação marginal à centralidade da agenda política, econômica e social. A consequência imediata disso é que todos são "ambientalistas", e não há mais um suporte indiscutível para a poluição como "progresso". No presente, passa-se do proibicionismo radical à tolerância indiscriminada com ações efetivamente nefastas em relação ao ambiente. O tema responsabilidade civil ambiental é dos mais propícios para o surgimento de posições extremadas e distantes da realidade. O que se busca neste trabalho é examinar a RCDA como ela é, e não como gostaríamos que fosse.

Escrever sobre direito ambiental é sempre uma tarefa arriscada, pois a matéria está envolta em inúmeras contradições, sentimentos pessoais, receios e dados científicos que, em alguma medida, são assustadores. As contradições sociais se refletem no direito de proteção ao meio ambiente. Se por um lado, o direito ambiental é um *direito de interdição*, impondo limites à atividade econômica; por outro, é um direito de destruição, pois normativamente decide o que será *destruído legalmente*. A responsabilidade civil ambiental trata, fundamentalmente, do ambiente destruído e das formas de sua "recuperação". É uma tarefa de Sísifo.

O jurista, fruto de seu tempo, ao examinar o direito, raciocina conforme a sua época e o seu contexto social. As suas convicções pessoais, seguramente, influenciam na forma como examina o fenômeno jurídico. Isto, no entanto, não permite que elas se sobreponham aos elementos normativos que estão sob o seu escrutínio intelectual. Há, portanto, uma imensa disputa no sentido de se manter a honestidade intelectual de forma a não se "construir" interpretações jurídicas afastadas do sentido da norma, ainda que este desagrade ao intérprete.

A imposição de responsabilidade ao poluidor é um dos temas nos quais os sentimentos pessoais são mais fortes e se exprimem de maneira mais evidente. As posições oscilam desde as claramente lenientes, minimizando a responsabilidade dos poluidores, até outras que se caracterizam pelo aspecto repressivo e, até mesmo, vingativo.

***

A responsabilidade civil por danos ao meio ambiente se alicerça sobre algumas contradições que devem ser tratadas de forma madura e não com voluntarismo adolescente, como muitas vezes ocorre. O meio ambiente danificado é intrinsicamente impossível de ser recuperado, caso entendamos a recuperação como o retorno ao *status quo ante*. Entretanto, como se verá ao longo deste trabalho, boa parte da doutrina e da jurisprudência sustentam que a recuperação dos danos ao meio ambiente deve levar à sua recomposição integral. A orientação confronta com norma vigentes, gerando insegurança em relação ao que, normativamente, deve ser entendido como recuperação/reparação ambiental.

A responsabilidade por danos causados ao meio ambiente é um dos temas centrais do direito ambiental. Todavia, a matéria não é simples. De fato, a responsabilidade por danos ao meio ambiente é, cada vez mais, um tema que se afasta da responsabilidade civil tradicional e ganha contornos próprios. É necessário observar que, em especial, a responsabilidade ambiental tem, além de sua natureza ressarcitória, uma natureza preventiva.

***

Este trabalho, de natureza introdutória à matéria, tem por objetivo apresentar as principais questões relacionadas ao tema, de forma que possibilite ao leitor aprofundar o assunto em leituras posteriores. Ele é fruto de muitos anos lidando com o tema e, sobretudo, escrevendo sobre a matéria. Muitos de meus trabalhos anteriores foram parcialmente aproveitados no presente texto, ainda que, em várias oportunidades, de forma bastante modificada e atualizada.

A concepção básica desta breve introdução é que, no atual momento de fragmentação da ordem jurídica e de declínio o direito escrito, se faz necessário trazer à luz determinados institutos que são essenciais na responsabilidade civil, em especial na responsabilidade civil ambiental, de forma que a imputação de responsabilidade não se transforme em uma enigmática loteria, gerando grandes apreensões e insegurança, com consequências desprezíveis para a proteção ambiental.

O livro é formado por 7 (sete) capítulos cujo objetivo é apresentar ao leitor os principais aspectos da RCDA, buscando indicar as diversas divergências doutrinárias, sem omitir a nossa visão pessoal.

A ordem dos capítulos foi concebida com a finalidade de partir do geral para o particular. Dessa forma, o capítulo 1 cuida da responsabilidade civil em geral, destacando os seus aspectos peculiares que a vinculam com a ética da responsabilidade. Justifica-se a opção, na medida em que, a prevenção é a melhor forma de "recuperar/reparar" os danos ambientais, ou seja, evitar que eles ocorram, pois a recomposição é, em muitos casos, impossível.

O Capítulo 2 dá ao leitor uma visão panorâmica de responsabilidade civil ambiental, buscando ressaltar os seus contornos peculiares no direito brasileiro. O capítulo traz uma breve discussão sobre a questão do risco, procurando demonstrar que não há um risco abstrato e que toda atividade, em alguma medida, implica na assunção de determinados riscos. Por isso, há uma escolha social sobre os riscos que se pretende correr. O capítulo, também, faz uma breve análise sobre o risco na visão dos tribunais superiores brasileiros.

No capítulo 3 é feita uma discussão sobre as relações entre o princípio do poluidor pagador e a responsabilidade ambiental, tal como eles têm sido compreendidos pelo direito brasileiro. Há uma tendência à assimilação do PPP pelo princípio da responsabilidade de forma que a jurisprudência tem entendido que a imposição das obrigações de reparar o dano e do pagamento de indenizações tem por base o PPP. O capítulo demonstra que, no entanto, a base argumentativa e doutrinária de nossa jurisprudência, sobre o tema, é modesta.

O capítulo 4 discorre sobre o agente do dano ambiental (da poluição) que é o disparador do sistema de responsabilidade. A ênfase do capítulo está centrada no chamado poluidor indireto que, cada vez mais, tende a assumir um papel de destaque no tema da RCDA. Buscou-se demonstrar que o poluidor indireto, tal como tem sido interpretado pelas cortes judiciais, tende a ser lotérico, com definições pouco claras e com uma sustentação confusa que, claramente, indicam uma responsabilidade subjetiva.

No capítulo 5, o tema abordado é o nexo de causalidade que, como se sabe, em questões de responsabilidade civil objetiva é a grade estrela. Não se trata, todavia, de assunto simples e banal. A definição das relações de causa e efeito para a imputação de responsabilidade está sujeita e inúmeras vicissitudes da vida prática que demandam aprofundada indagação jurídica. O capítulo faz um estudo do artigo 927 do CCB e suas repercussões sobre a RCDA.

Quanto ao capítulo 6, ele está direcionado à definição do dano ambiental que é a própria razão de existir da RCDA. De forma sintética, o capítulo busca estabelecer as diferenças entre os vários tipos de danos ambientais. Especial atenção é dada à diferença entre os danos ambientais (1) próprios e os (2) impróprios.

Por fim, o capítulo 7 trata do árduo tema da prescrição e sua incidência sobre os danos ambientais. No capítulo se procurou demonstrar que os tribunais brasileiros têm construído uma teoria de imprescritibilidade dos danos ao meio ambiente que não encontra paralelo em outras ordens jurídicas e que, francamente, carece de base legislativa.

***

Ao terminar estas primeiras palavras, gostaria de expressar os meus agradecimentos ao Professores Leonardo Mattietto e Talden Farias pela leitura crítica dos originais. Logicamente, a responsabilidade por falhas, erros e omissões é do autor e não dos leitores críticos.

Capítulo 1
A RESPONSABILIDADE CIVIL

A responsabilidade civil é uma área em crescimento no direito moderno. O aumento do risco – ou pelo menos de sua percepção – na sociedade contemporânea levou à expansão do regime de responsabilidade em direção ao risco. O CCB de 2002 admite, claramente, o risco como um dos fundamentos de nosso modelo de responsabilidade civil. A conduta psicológica do agente causador do dano passa a segundo plano e, até mesmo, se torna irrelevante.

Caio Mario da Silva Pereira (1990) nos relembra que o direito romano não chegou a produzir uma teoria sobre responsabilidade civil, dado que a ordem jurídica romana era fundamentalmente baseada em casos concretos que iam sendo construídos pela atividade dos juízes, dos pretores, pelas constituições imperiais e pelas respostas dos jurisconsultos. A responsabilidade naquele sistema jurídico era fruto da análise de um conjunto fragmentário de textos e decisões que formavam o direito romano. Não havia um complexo teórico logicamente estruturado e sistemático, mas antes um apanhado de soluções casuísticas. Entretanto, afirma C.M.S. Pereira, não se deve "desprezar a evolução histórica da responsabilidade civil no direito romano" (Pereira, 1990, p. 5). Curiosamente, no século XXI, a solução de questões relacionadas à RCDA de forma casuística parece ser uma tendência que se afirma.

Responsabilidade significa responder perante terceiro por um dano injusto que lhe tenha sido causado. Inicialmente, cuidava-se de uma obrigação de natureza moral, pois o direito não havia se desenvolvido de forma a assegurar instrumentos capazes de fazer executar a obrigação decorrente do desvalor causado ao terceiro.

A busca da reparação dos danos sofridos, desde a antiguidade, é uma das bases do direito. De fato, as primeiras ideias relacionadas à reparação dos danos sofridos eram puramente objetivas e, em grande medida, informadas pela vingança privada que é uma modalidade primitiva de justiça (Nietzsche, 2009).

A responsabilidade se divide, essencialmente, em dois aspectos: o (a) moral e o (b) jurídico. A sociedade moderna separa as esferas da moral e do direito, de forma que a responsabilidade que interessa para as finalidades deste trabalho é a jurídica. Contudo, os impactos ambientais e os riscos inerentes à sociedade contemporânea lançam novas luzes sobre as responsabilidades morais, na medida em que os efeitos negativos afetam terceiros que não lhes deram causa. Há, também, o inegável fato de que existe maior probabilidade de que os efeitos negativos afetem mais severamente às pessoas em situação de maior fragilidade social e econômica.

A responsabilidade civil, como será examinado neste capítulo é uma das formas pelas quais os causadores de danos a terceiros ou a bens e valores socialmente relevantes, e.g., o meio ambiente, são chamados a responder pelo malefício causado. Não se esqueça, da possibilidade de fato de terceiro gerar responsabilidade ambiental em circunstâncias especiais que serão examinadas mais adiante nesta obra.

1.1 A IDEIA DE RESPONSABILIDADE

Todas as sociedades possuem mecanismos pelos quais se organizam e vivem, conforme tem sido comprovado pela antropologia (Assier-Andrieu, 2000). O sentido de ordem ou de um conjunto de referências existe em toda e qualquer sociedade, pois sem ele "não há humanidade possível" (Assier-Andrieu, 2000, p, 98). Cada sociedade tem o seu modelo próprio de organização e, portanto, de atribuição de responsabilidade.

A responsabilidade, como a conhecemos, é um modelo que floresceu nas sociedades ocidentais ou ocidentalizadas. Sem esconder uma concepção evolucionista Richard A. Posner sustenta que para compreender os problemas jusfilosóficos – e a responsabilidade é um dos maiores - é preciso conhecer as origens do direito que, segundo ele, estão na divisão do trabalho. Em afirmativa coincidente com Assier-Andrieu, Posner sustenta que mesmo as sociedades mais simples têm normas tácitas ou explícitas "que se desenvolvem a partir das necessidades da sociedade, antes que existam juízes ou outras autoridades" (Posner, 2007, p. 8). Segundo o autor, quando uma norma consuetudinária é violada em uma "sociedade simples", isto acarreta que os "instintos" acionem o sistema de vingança privada. Esse sistema, ainda segundo Posner, possui "graves inconvenientes" que o "tornam intolerável, a não ser nas menores ou mais primitivas sociedades" (2007, p 9). Assim, a racionalização da vingança se transforma em justiça; na fixação de equivalentes para os valores agravados.

A equivalência e a proporcionalidade permeiam todo o direito. No direito penal as penas são os "equivalentes" aos crimes praticados que são impostos aos delinquentes. No direito sancionatório administrativo, as diferentes sanções também possuem o mesmo sentido de equivalência e proporcionalidade. A circulação de mercadorias, a compra e venda, da mesma forma se fazem pela equivalência monetária com o produto adquirido. A responsabilidade civil, portanto, é a busca pelo estabelecimento de um equivalente ao dano injustificado sofrido.

É "justo" que se responda pelo malefício causado a terceiros, não de forma arbitrária, mas conforme equivalências que as sociedades considerem aceitáveis e que sejam fixadas por terceiros encarregados de tal função. Levar alguém a responder por um prejuízo causado a terceiro é uma das funções básicas da aplicação concreta de uma medida de justiça. A filosofia, desde a Grécia antiga tem se dedicado ao tema, sem que tenha chegado a uma conclusão definitiva. Tradicionalmente, a justiça tem sido dividida em: (1) justiça distributiva e (2) justiça comutativa. Contemporaneamente, têm surgido novas classificações para a Justiça, tais como a justiça tributária, a justiça social, a justiça ambiental e muitas outras. De fato, subjacente à ideia de justiça está a de conflito de interesses e de valores." É somente onde existem [...] conflitos de interesse [que] a justiça se torna um problema. Onde não há conflito de interesses, não há necessidade de justiça." (Kelsen, 1997, p. 4)

A vingança compreende a ideia de retribuição. O mal se retribui com o mal. A justiça, conforme entendida pela sociedade, é uma reparação equivalente, portanto, uma racionalização que equipara o malefício causado a um padrão socialmente aceitável como reparação. Há, também, um evidente sentido econômico na justiça dos homens.

1.1.1 Direito "justo" e proporcionalidade

A definição do que é "justo" não é simples, pois uma justiça ideal e que seja capaz de satisfazer a todos, certamente, não é obra humana. As diferentes posições sociais e econômicas ostentadas pelos indivíduos, seguramente, influem nas suas visões sobre justiça e o ser justo. Todavia, as sociedades só se mentem coesas com a existência de alguns consensos mínimos que expressem valores compartilhados. O direito é um fenômeno social que organiza as sociedades. O direito que consegue alta aceitação social e expressa as crenças básicas da sociedade na qual está inserido, oferecendo alternativas razoáveis para a regulação os conflitos é um direito "correto" (Zippelius, 2006''), um "direito justo" (Larenz, 1985).

A responsabilidade civil é uma das formas que o direito possui para "fazer justiça". Não será uma justiça em abstrato, mas de acordo com o caso concreto e partindo de certos pressupostos. O primeiro e mais fundamental dos pressupostos é a harmonização dos interesses, sem que haja a prevalência de uns sobre os outros. As soluções jurídicas para que tal aconteça não são dadas aprioristicamente, mas de forma casuística. As diferentes concepções precisam ter como "piso", um "lugar comum", um certo grau de consenso social. Não se pode basear uma solução" justa" em meras opiniões ou elementos circunstanciais e/ou contingentes. A aplicação "justa" das regras de responsabilidade civil, especialmente nas de natureza objetiva e por risco, deve considerar a carga desproporcional de ameaças e/ou riscos que cada um dos setores da sociedade sofre, de forma que alcance uma "acomodação" entre os diferentes fatores em confronto.

A proporcionalidade tem por finalidade evitar o "excesso" e, principalmente, que a imposição de responsabilidade se transforme em vingança. Karl Larenz sustenta que a indenização não exerce a mesma função que a pena, pois a pena coloca em primeiro plano a conduta do agente; já a indenização tem como destaque o "dano sofrido por alguém em seus bens jurídicos" (1985, p. 114). Dado que há uma forte tendência a reconhecer o caráter punitivo da responsabilidade civil, não há como deixar de reconhecer a necessidade de uma proporção em tal possível punição reparatória. Certamente, não se pode dizer exatamente o que é proporcional; muito embora seja possível afirmar o que é desproporcional e excessivo. Isso se faz mediante a ponderação dos bens em discussão e com a comparação relativa a outros casos (Larenz, 1985). No caso específico da RCDA a questão é dramática, pois a hiper vocalização de discursos catastróficos para o caso de danos ambientais de pequena escala, faz com que se perca a noção de proporcionalidade e comparação quando os danos de larga escala acontecem.

1.1.2 Responsabilidade e segurança jurídica

Os critérios (*standards*) devem ser claros, de forma que a aplicação das normas de responsabilidade não se torne aleatória e lotérica, atingindo outros valores que devem ser altamente considerados que são a (1) segurança jurídica e a (2) previsibilidade, por exemplo.

A segurança jurídica, ou previsibilidade e estabilidade das situações consolidadas, é um valor fundamental no direito. Mesmo em "ramos" do direito cuja dinâmica é acelerada e nos quais as transformações sociais têm uma influência direta na formação dos diversos institutos. O direito ambiental é um desses ramos. Isto faz com que cresça o número de normas que objetivam proteger o cidadão e, no caso do direito ambiental, o meio ambiente. O volume crescente de normas, nem sempre organizadas de forma coerente e sistemática, gerando incerteza sobre qual norma é aplicável em cada caso e, principalmente, sobre qual a interpretação que deva prevalecer na hipótese concreta. Humberto Ávila, de forma mordaz, alude que "as autoridades nem sempre editam normas com a finalidade de resolver problemas, mas também com o fim de dar satisfação ao público" (2011, p. 45). O direito ambiental é pródigo na produção de normas, situação agravada em função da competência legislativa concorrente (CF, art. 24) e competência administrativa comum (C.F, art. 23); isto faz com que as normas sejam produzidas em escala industrial. Esta situação que é assemelhada ao direito tributário, gerou a contatação de que a maior acessibilidade do direito, exige normas mais simples; por outro lado, normas mais genéricas não se prestam para atender situações particulares, dificultado a tutela de interesses. Para tutelar melhor os interesses, se fazem necessárias normas mais complexas, o que torna o direito mais incompreensível para o comum (Ávila, 2011). Esta contradição não parece ter solução em futuro próximo.

A Constituição Federal e a PNMA se constituem em um conjunto normativo da maior relevância para a construção do direito ambiental brasileiro e, desde os seus ingressos no mundo jurídico, o tema da responsabilidade ambiental ganhou novos contornos normativos, em especial em relação à responsabilização por fato de terceiros. E isto se deve, essencialmente, a razões de segurança jurídica que, conforme nos demonstra Humberto Ávila é um dos valores fundamentais tutelados pela Constituição de 1988, pois o ordenamento constitucional "atribui fundamentalidade à segurança jurídica" (Ávila, 2011, p. 33). O direito ambiental, ao que tudo indica, ainda permanece em uma zona de instabilidade normativa e interpretativa que diminuem o seu grau de eficiência e aceitação social. Conforme será visto em local próprio deste trabalho, a jurisprudência predominante em matéria de responsabilidade civil ambiental é um convite à insegurança jurídica, tendo em vista o número de conceitos abstratos que introduz no tema e o seu pouco compromisso com a legislação vigente.

1.2 ESPÉCIES DE RESPONSABILIDADE CIVIL

A responsabilidade civil é um vasto campo do direito que está em contínua expansão, decorrente do crescimento dos riscos e complexidades da vida contemporânea. Por isso, a responsabilidade civil é um instituto complexo com inúmeras subdivisões que se corporificam em legislação própria. Além do alargamento legislativo e o crescente surgimento de teses interpretativas que levam o instituto para rincões impensáveis há, apenas, alguns anos passados.

A primeira e grande divisão no regime de responsabilidade civil tem por base o seu *fato gerador*, isto é, se as suas origens remontam a um (1) contrato ou uma (2) norma legal (Diniz, 2011). A responsabilidade é (a) *contratual* se a inexecução é de um negócio jurídico bilateral ou unilateral; surge de um ilícito contratual, da violação de uma obrigação posta em contrato. Pressupõe a capacidade de contratar e manifestação de vontade. A (b) responsabilidade *extracontratual*, também conhecida como aquiliana, tem por origem a violação de um preceito normativo, lesando um interesse de terceiro; não havendo uma vinculação jurídica prévia entre as partes.

A responsabilidade pode ser, em relação ao seu fundamento, (1) *subjetiva* ou (2) *objetiva*. A responsabilidade (1) *subjetiva* se justifica pela ação ou omissão lesiva aos interesses de terceiro; ela tem por base a culpa em sentido amplo. A conduta subjetiva é fundamental para a determinação da obrigação de reparar o dano causado (CCB, art. 186). A (2) responsabilidade *objetiva*, conforme o parágrafo único do art. 927 do CCB, deriva de lei ou de uma atividade que seja "normalmente desenvolvida pelo autor do dano [e que possa] implicar, por sua natureza, risco para os direitos de outrem." Em tal hipótese a motivação psicológica do agente é irrelevante para a efetivação da obrigação de reparar o dano causado. O dever de indenizar surge da (i) existência do nexo causal ente o dano e a ação do agente e um fato que tenha dado origem ao prejuízo injusto.

A história da responsabilidade objetiva, na era industrial e pós-industrial, nos demonstra que ela é uma resposta que busca equilibrar os riscos gerados por atividades socialmente desejadas e os benefícios sociais por elas criados. No direito brasileiro uma das primeiras normas que tratou da responsabilidade objetiva – culpa presumida na linguagem da época – foi a relativa ao transporte ferroviário (Decreto Federal 2.861/1912). Posteriormente, várias normas foram incorporadas ao direito, inclusive na nacional, lei sobre responsabilidade civil objetiva pela prática de ilícitos administrativos (corrupção) (Lei 12.846/2013).

O terceiro elemento a ser considerado está relacionado ao *agente*. O agente é o causador do dano que, no caso da responsabilidade ambiental, é conhecido como poluidor (PNMA, Art. 3º, IV). A responsabilidade em tais casos pode ser (1) *direta* ou (2) *indireta*. A responsabilidade *direta* surge quando o dano foi causado diretamente pelo agente, em função do risco de sua atividade; a responsabilidade (b) *indireta* tem por origem um ato de terceiro que mantém uma vinculação legal ou contratual que expressa uma obrigação de garantia. A responsabilidade direta por risco é normativa e, portanto, independente de qualquer ação ou omissão do titular da atividade. A responsabilidade indireta surge de um dever de garantia e exige o conhecimento prévio da atividade lesiva, necessitando, portanto, de uma "conduta psicológica" para se concretizar. Não há como, juridicamente, impor responsabilidade indireta ao terceiro que desconhece as circunstâncias e, portanto, não tem (ou tinha) meios de impedir o resultado danoso.

1.3 AS FUNÇÕES DA RESPONSABILIDADE CIVIL

Guido Calabresi em sua conhecida obra *The cost of accidents* (Calabresi, 1970) faz uma análise jurídica/econômica sobre os custos relacionados aos acidentes de trânsito, indicando o que considera mais eficiente, do ponto de vista econômico, para imputação de responsabilidade aos motoristas e, até mesmo, aos pedestres envolvidos em acidentes. Conforme a argumentação do autor, os dois principais objetivos do direito dos acidentes são: (1) ser justo e (2) reduzir os custos dos acidentes. Calabresi afirma que ser justo é o objetivo mais difícil de ser alcançado, pois dificilmente somos capazes de definir o que seja justiça, sendo mais provável que identifiquemos situações de injustiça. Conforme já foi exposto, a discussão sobre a justiça ou não de uma medida é função de um conflito prévio e relevante sobre determinada questão. Não há que se falar em justiça quando não existem conflitos identificados ou identificáveis.

A responsabilidade civil por lidar com acidentes, certamente, chama mais atenção pelo que ela tem de "injustiça" do que por seus aspectos de justa aplicação da lei e justa compensação por danos sofridos. A "justiça" só é um "problema" onde existe conflito de interesses e visões de mundo divergentes. Estabelecer um consenso mínimo e aceitável por todos é a justiça que o direito é capaz de realizar. Trata-se do "direito justo", isto é, aquele que incorpora os valores consensuais da sociedade e que podem se apresentar de formas diferentes.

A responsabilidade civil desempenha várias funções, o que não significa que para cada uma de suas funções exista um "tipo" próprio de responsabilidade civil. Logo, se a responsabilidade civil exerce uma função, e.g., preventiva, isto não determina que, ao lado da reparação do dano seja aplicada uma "responsabilidade preventiva" autônoma. A imposição de responsabilidade pela reparação do dano deve levar em consideração as diferentes funções para a sua quantificação. Dar autonomia às funções é multiplicar a reparação por tantas quantas forem as funções identificadas, o que acarreta em arbitrariedade.

A seguir serão examinadas algumas das aludidas funções da responsabilidade civil.

1.3.1 Função econômica

As duas funções desempenhadas pela responsabilidade civil identificadas por G. Calabresi no caso de acidentes são: a (1) redução dos seus custos e a (2) redução dos custos para evitá-los. A (1) redução dos custos com acidentes pode ser alcançada por dois caminhos: a (i) proibição de atividades que usualmente causam acidentes ou pela (ii) imposição de custos sobre tais atividades, de modo a torná-las menos atrativas e, portanto, a sua diminuição. Uma advertência deve ser feita no sentido de que os acidentes com automóveis são massivos e ocorrem com enorme regularidade. No caso da RCDA não há uma quantidade tão grande. Entretanto, as observações econômicas feita por Calabresi são úteis no sentido de que a racionalidade é válida como argumento.

A segunda forma de redução do custo dos acidentes não está relacionada à diminuição de seu número ou de seus aspectos negativos. Trata-se de reduzir os *custos sociais* a eles relacionados que se manifestam *depois* dos acidentes. São os custos ligados, mas não só, às despesas processuais, custos com honorários de advogados, custos de imagem etc. Calabresi apesar de reconhecer a importância das medidas de compensação adotadas *após* o acidente, afirma que "os custos sociais reais dos acidentes podem ser significativamente reduzidos, em primeiro lugar, por medidas para evitá-los" (Calabresi, 1970, p. 27). A pedra de toque, sobretudo, nos aspectos econômicos é o estabelecimento de formas viáveis de prevenção, com destaque para a manutenção dos veículos, das rodovias e utilização de equipamentos de segurança.

A análise econômica do direito e, em especial do direito antigo, parte da crença de que a regra de responsabilidade pelos danos causados a terceiros tem a função de servir de incentivo para que as partes em potencial alterem os seus comportamentos (Faure e Pertaim, 2019). Os economistas, segundo Michael G. Faure e Roy A. Pertaim, tendem a enfatizar a dissuasão, na medida em que é economicamente mais vantajoso não sofrer danos do que repará-los. Por outro lado, a visão dos juristas tende a enfatizar a reparação e a identificação do autor do dano. A lógica jurídica não está voltada para a prevenção, mas para a repressão e a reparação – resquícios da vingança primitiva –, para a cobrança de indenizações e outras formas de reparação. Tal lógica, quando se trata de acidentes industriais é extremamente nociva, pois leva ao encobrimento das causas e dificulta o estudo do caso.[1]

Economicamente, a responsabilidade civil deve ser um elemento de dissuasão, evitando danos a terceiros e ao meio ambiente. Entretanto, não se pode esquecer que as atividades industriais e tecnológicas potencialmente causadoras de danos a terceiros são atividades socialmente necessárias; eg., uma indústria siderúrgica. Dessa forma, o papel dissuasório deve ser equilibrado, de forma a não criar uma restrição geral às atividades que são socialmente úteis e desejadas.

Economicamente, a prevenção de danos deve ser menos custosa do que a reparação dos danos causados a terceiros, de forma que os investimentos se dirijam para as medidas preventivas e não meramente reparatórias. Aqui, a análise de custo/benefício é aplicável. Todavia, há que se registrar que a existência de normas

---

1. O Código Brasileiro de Aeronáutica, com as modificações introduzidas pela Lei 12.970/2014, em seu artigo 86-A dispõe que: A investigação de acidentes e incidentes aeronáuticos tem por objetivo único a prevenção de outros acidentes e incidentes por meio da identificação dos fatores que tenham contribuído, direta ou indiretamente, para a ocorrência e da emissão de recomendações de segurança operacional. Parágrafo único. Em qualquer fase da investigação, poderão ser emitidas recomendações de segurança operacional.

regulamentando uma determinada atividade e impondo medidas preventivas de acidentes não se confunde com instrumentos de RCDA.

1.3.2 Funções dissuasória e repressiva

As funções (a) dissuasória e (b) repressiva da responsabilidade civil se expressam mediante a adoção de parâmetros (*standards*) ressarcitórios elevados e que sejam capazes de intimidar os agentes potencialmente causadores de danos, de forma que a prevenção de acidentes seja uma preocupação diária. A ameaça de indenizações elevadas e a exposição pública de suas imagens deve servir como medidas capazes de induzir a adoção de comportamentos preventivos.

No caso da responsabilidade civil por danos ao meio ambiente, há que se considerar que as suas funções devem se compatibilizar com as funções últimas do direito ambiental têm natureza (1) prospectiva e (2) finalística (Antunes, 2023), característica que se encontra presente em seus diferentes institutos. Ele é prospectivo, na medida em que almeja formar comportamentos futuros e não meramente "legalizar" comportamentos passados. O direito ambiental é finalístico, vez que todo o seu conjunto normativo tem objetivos, conforme o disposto nos art. 225 da C.F. c/c o art. 2º da PNMA. O direito ambiental é um direito ambíguo, na medida em que, premido por circunstâncias econômicas e políticas, acomoda interesses conflitantes, sendo ao mesmo tempo um direito de (a) interdição e de (b) autorização para a destruição dos bens que pretende proteger.[2]

A ambiguidade fundamental do direito ambiental se manifesta em seus diferentes institutos, inclusive, na responsabilidade civil. Assim, as funções dissuasória e repressiva da responsabilidade civil não devem se estender até o ponto de inviabilizar a atividade econômica, o que é concretamente difícil de definir. Por outro lado, se não existir uma "ameaça" real à atividade, as funções dissuasória e repressiva perdem a razão de existir. A atividade econômica e as "razões de estado" tendem a ser privilegiadas, quando em confronto com a realidade das vítimas de acidentes tecnológicos e desastres ambientais. As vítimas se transformam em "impactados", de forma a reduzir o efeito psicológico de suas condições, amenizando a realidade.

1.4 OS LIMITES DA RESPONSABILIDADE CIVIL

A responsabilidade civil – e, especialmente, a responsabilidade civil ambiental – tem limitações para exercer o seu papel de instrumento de prevenção de danos ao

---

2. Lei 12.651/2012. Art. 8º, dentre outros exemplos.

meio ambiente e, sobretudo, oferecer compensação rápida e adequada às vítimas de desastres. A mesma dificuldade existe para os danos ambientais difusos, isto é, para queles que são praticados sob o abrigo de normas legais e/ou regulamentares por vários agentes econômicos – atingindo número indeterminado de pessoas –, cuja relação de causa e efeito é difícil de ser estabelecida de forma conclusiva.

A principal limitação que se pode observar se manifesta em relação aos danos ambientais de larga escala,[3] nos quais as dimensões das lesões a bens e direitos e de tal magnitude que o processo judicial é incapaz de contemplar a todas as necessidades. Os danos ambientais de larga escala podem ser (1) difusos ou (2) visíveis. Os danos difusos são os acumuláveis ao longo do tempo, que não chamam a atenção imediata de comunidade, mas cujos efeitos são sentidos em amplas regiões, atingem um número indeterminado de pessoas e persistem por longo tempo. Nesta categoria podem ser incluídas a (1) poluição atmosférica, a (2) contaminação de lençóis freáticos, a (3) contaminação de rios e lagos pela utilização de agrotóxicos, a (4) contaminação do solo pela atividade industrial e depósito (dumping) clandestino de produtos químicos.

Os danos ambientais de larga escala visíveis são aqueles que decorrem dos chamados "acidentes" industriais e tecnológicos, são uma manifestação dos "grandes medos", conforme a feliz expressão de Martine Rèmond-Gouilloud (1989). Eles configuram uma sequência de acidentes industriais e tecnológicos, assim como atividades militares (testes atômicos na atmosfera) que motivaram grandes preocupações e receio na comunidade internacional, a partir da década de 60 do século XX.

Uma constante nos danos ambientais em larga escala (visíveis) é que eles refletem, em sua destruição, os contornos da organização social do território em que ocorrem. Eles são a constatação de que a distribuição desigual de riscos e cargas ambientais é um fato incontestável, fazendo uma justiça distributiva reversa, pois os maiores impactos negativos são suportados por quem não lhes deu causa. Há, igualmente, uma proporção no sentido de que quanto menor a renda, maior o impacto negativo sofrido. Isto faz com que os modelos indenizatórios sejam altamente favoráveis aos causadores dos danos, uma vez que os critérios que usualmente são adotados para a fixação do *quantum* indenizatório têm como parâmetros a remuneração das vítimas e a expectativa de vida que, em comunidades pobres e vulneráveis são, em geral, baixos. Logo, o risco de causar danos ambientais, mesmo no caso dos de larga escala, é contabilizado como um risco do negócio, risco suportável. Neste sentido, as funções dissuasória e preventiva da responsabilidade civil, simplesmente não existem.

---

3. Ver capítulo 6.

1.5 A ÉTICA DA RESPONSABILIDADE

A ética da responsabilidade é uma concepção teórica que tem como objetivo criar um modelo para a imputação de responsabilidade relativamente aos danos ambientais e outros de origem tecnológica. Ela parte de uma eticidade que deve se transformar em norma jurídica. Ela corresponde à tomada de consciência relativa à capacidade humana de causar danos ao ambiente e à vida na Terra. A responsabilidade moral vai no sentido de impor uma obrigação de cuidado sempre que a atividade humana possa ser potencialmente destrutiva para terceiros.

A crescente percepção social de que o meio ambiente estava/está sendo explorado além de suas capacidades, trouxe consigo inúmeras discussões de natureza ética e política que deram um novo contorno ao debate sobre a responsabilidade para com o ambiente. Já em 1972, a Declaração de Estocolmo[4] proclamava em seu princípio 4 que o Homem tem "a responsabilidade especial de preservar e administrar judiciosamente o patrimônio da flora e da fauna silvestres e seu habitat, que se encontram atualmente, em grave perigo, devido a uma combinação de fatores adversos"; também o princípio 19 trata da responsabilidade ao dispor que é indispensável um esforço para a educação ambiental, dirigida às gerações jovens e aos adultos e que preste a devida atenção ao setor da população menos privilegiado, para fundamentar as bases de uma opinião pública bem informada, e de uma conduta dos indivíduos, das empresas e das coletividades inspirada no sentido "de sua responsabilidade sobre a proteção e melhoramento do meio ambiente em toda sua dimensão humana."

O sentido de responsabilidade em ambos os princípios é, certamente, moral. Por outro lado, no princípio 22, o vocábulo responsabilidade é empregado em sentido inteiramente diverso: "[o]s Estados devem cooperar para continuar desenvolvendo o direito internacional no que se refere à *responsabilidade* e à indenização às vítimas da poluição e de outros danos ambientais que as atividades realizadas dentro da jurisdição ou sob o controle de tais Estados causem às zonas fora de sua jurisdição". No princípio 22, o sentido é claramente jurídico, pois indica uma obrigação de reparação de danos causados ao meio ambiente e a terceiros.

O positivismo jurídico separou a ética do direito, de modo que a primeira dizia respeito à esfera interior dos indivíduos e o segundo se caracterizaria pela conformação coativa de comportamentos exteriores. A divisão, no entanto, é artificial, pois direito sem ética é violência institucionalizada, como já fora iden-

---

4. Disponível em: https://legal.un.org/avl/pdf/ha/dunche/dunche_e.pdf?_gl=1*tbpj54*_ga*ODcxM-DE4MTQyLjE2OTAxODkwMTk.*_ga_TK9BQL5X7Z*MTcwMzUxMDU2NC4zMi4wLjE3MD-M1MTA1NjkuMC4wLjA. Acesso em: 25 dez. 2023.

tificado pelo aforismo romano, "summo ius, summa iniuria", o sumo direito, a suma injustiça.

A responsabilidade ambiental expressa uma retomada da estreita vinculação entre as normas jurídica e ética. A ética de responsabilidade deve ser a base da responsabilidade ambiental, em qualquer de suas dimensões (Jonas: 2004, 2006). Para Hans Jonas há necessidade de que "por meio de freios voluntários [se] impeça o poder dos homens de se transformar em uma desgraça para eles mesmos" (2006, p. 21). Por fim, conforme a feliz advertência de Hannah Arendt "as questões legais e morais não são absolutamente idênticas, mas possuem uma certa afinidade, porque ambas pressupõem o poder de julgamento" (2004, p. 84). Em termos de direito ambiental, a maior aproximação entre ética (moral) e norma tem causado perplexidade nos partidários do positivismo dos anos 1900.

A questão relativa às responsabilidades éticas renasce no século XX em função dos "casos extremos" que o mundo viveu e sofreu e que fizeram com que as simples responsabilidades políticas e jurídicas se demonstrassem impotentes diante delas. O holocausto e as barbáries da segunda guerra mundial, são os pontos culminantes dos "casos extremos". A tecnologia, como demonstrado durante o século XX, é capaz de produzir morte em escala industrial; ainda que também possa ser fundamental para o salvamento e prolongamento de vidas humanas.

1.5.1 A ética em Hans Jonas

Hans Jonas desenvolveu a teoria da *ética da responsabilidade*. Para ele, desde a Antiguidade, violação da natureza e civilização caminham lado a lado, pois o Homem, para sobreviver na natureza, cria a cultura que é a capacidade de modificar o mundo natural em seu benefício. A cidade e as suas leis são os grandes exemplos da produção cultural humana. A partir da construção das cidades e, portanto, da "humanização" do Homem, o universo se centra no Homem, "no sentido de que ele deve ser interpretado em referência aos humanos" (Douglas: 1996, p. 86). Ao conhecer a natureza, desvendar suas regras, o Homem buscou fugir do acaso, da álea como elemento fundamental em sua vida e, ao mesmo tempo, tentou se assenhorar da natureza. Em sua busca por previsibilidade e segurança, o Homem só admite a instabilidade da própria condição humana. A responsabilidade, o ser chamado a responder, moral ou juridicamente, em épocas passadas, somente ocorria nas relações intersubjetivas. Não havia que se prestar contas à natureza, pois ela "cuidava de si mesma" e, igualmente, "com a persuasão e a insistência necessárias, também tomava conta do homem" (Jonas: 2006, p. 34). A natureza, para o Homem, sempre pareceu imponente e invulnerável. As suas alterações, feitas pelo Homem e para o Homem, eram vistas como irrelevantes, perdendo-se as dimensões cumulativas de seus efeitos de longo prazo. A vulnerabilidade da natureza só foi notada quando ela já estava padecendo gravemente dos danos causados pelo Homem, como se tornou patente em finais do século XX.

O pensar a natureza como uma responsabilidade humana é algo novo na história. É uma responsabilidade fruto da era industrial, consequência da alteração na escala do potencial humano de danificar à natureza. Entretanto, esta nova ética é antropocêntrica, pois a natureza, em sua imponência mesmo que muito machucada, sobrevive às agressões humanas. O ser humano é que não é capaz de resistir a si próprio. O planeta existiu sem o Homem e continuará a existir sem ele. A responsabilidade para com a natureza é, em última análise, uma responsabilidade com os humanos (Jonas, 2006).

1.5.2   A responsabilidade segundo Hans Jonas

Hans Jonas dividia a responsabilidade em: (1) responsabilidade como imputação causal de atos realizados; (2) responsabilidade pelo que se faz: o dever do poder; (3) comportamento "irresponsável"; (4) responsabilidade como uma relação "não recíproca"; (5) responsabilidade natural e responsabilidade contratual; (6) responsabilidade livremente escolhida do homem político; (7) responsabilidade política e a responsabilidade parental. Neste trabalho não cabe um detalhamento pormenorizado de cada uma delas, pois o seu objetivo é, unicamente, dissertar sobre a forma como H. Jonas entendia a responsabilidade humana relativamente ao que era capaz de destruir.

A *responsabilidade como imputação causal de atos realizados* é a forma mais antiga de responsabilidade, se caracterizando pelo fato de que o agente deve responder por seus atos, sendo responsável pelas consequências deles advindas. É uma responsabilidade meramente jurídica e objetiva, pois a obrigação de reparar os danos independe da natureza dolosa e da falta de previsão de suas consequências negativas. Entretanto, muito cedo a ideia de uma compensação ou reparação legal pelo dano causado, se misturou com a de punição, cuja origem é moral, qualificando a relação causal como moralmente reprovável. Logo, o simples fato de que o ato tenha dado origem ao dano, não é mais suficiente para a imputação de responsabilidade. É necessário que se investigue a origem – a causa – do ato danoso. A partir disso, é necessário indagar sobre os aspectos subjetivos que teriam levado o autor à prática do ato lesivo, tais como a (1) decisão de agir ou de se omitir, a (2) premeditação, o (3) motivo e a (4) imputabilidade.

A diferença que Jonas identifica entre responsabilidade legal e responsabilidade moral se reflete na diferença entre o direito civil e o direito penal que, ao se desenvolverem em caminhos divergentes se afastaram dos conceitos imbricados de compensação (responsabilidade legal) e punição [pena, culpa (responsabilidade moral)], característico de épocas passadas e do direito da antiguidade que não operava com categorias subjetivas. É interessante observar, acrescenta Hans Jonas, que ambos os conceitos de responsabilidade têm em comum a prática de "atos realizados" e que a responsabilização efetiva do autor se dá "desde o exterior". Por isso, a responsabilidade não guarda relação com a prudência, pois esta última é um não agir, uma antecipação de possíveis resultados que podem ser antevistos com base na experiência passada.

A (2) *responsabilidade pelo que se faz*: o poder do dever não se caracteriza por ser *ex post facto*, ou seja, depois do acontecimento. Ela tem como característica básica a determinação do que deve ser feito. É uma categoria de responsabilidade cujo centro não se encontra na conduta do indivíduo, na preocupação do indivíduo com as consequências do seu agir, da sua ação concreta, mas que tem como motivo final o objeto, "como, por exemplo, o bem-estar de outros". Cuida-se, portanto, de um modelo cujo centro de preocupações não é mais autorreferenciado no agente, mas no "reconhecimento do bem intrínseco do objeto". Na responsabilidade pelo que se faz, o agente tem a consciência de seu poder sobre o objeto e reconhece o seu (objeto) direito à existência. É tipicamente uma preocupação com "o evitar" que o mal seja feito.

O (3) *agir de forma irresponsável* é o comportamento do indivíduo que tendo responsabilidade para com terceiros, abandona-a voluntariamente. É a gradação máxima de uma escala de três níveis que começa com a (a) *imprudência* do jogador que, em um cassino arrisca o próprio patrimônio; que ao arriscar o patrimônio de outrem (b) age de forma criminosa e, por fim, ao ostentar a condição de pai de família (c) age de forma irresponsável, "mesmo que se trate de bens próprios e independentemente do fato de ganhar ou perder". O comportamento irresponsável, segundo Jonas, é o comportamento daquele que é responsável por alguém ou algo e que deserta de seu dever. A *irresponsabilidade* é para com terceiros, pois o "chofer temerário é imprudente quanto a si próprio, mas irresponsável quando também põe em risco os passageiros". O condutor, ao acolher os passageiros, assume, mesmo que temporariamente uma responsabilidade para com eles que, normalmente, não tem. É, dessa maneira, uma relação não recíproca, assim como a do jogador do exemplo em relação aos seus familiares. É a nossa relação com a flora e a fauna, ou com as vítimas de danos ambientais, por exemplo.

Para Hans Jonas, os humanos, como todos os seres vivos, têm caráter (a) precário, (b) vulnerável e (c) revogável. Ele entende que *todo ser vivo é um fim em si mesmo*, dispensando qualquer outra explicação. Logo, em tal perspectiva o Ser Humano não tem nenhuma vantagem sobre os demais seres vivos, exceto o fato de que só ele pode assumir a responsabilidade de garantir os fins próprios da vida. Assim, o agir responsavelmente em relação aos humanos implica, necessariamente, em comportamento responsável *vis à vis* às demais espécies vivas. Logo, o primeiro objeto da responsabilidade são os demais seres humanos, havendo, nessa situação a figura da reciprocidade, pois a vida social dos homens acarreta que cada um seja responsável pelos demais. Todavia, o Ser Humano é o único dos seres viventes capaz de ter responsabilidade, motivo pelo qual deve ser responsável por seus semelhantes que, potencialmente, são responsáveis uns pelos outros. A responsabilidade do Homem pelo Homem é a responsabilidade prioritária, independentemente da avaliação de sua atuação concreta no mundo real. Dessa realidade decorre a responsabilidade para com a natureza, a flora e a fauna que, devido à ação humana sofrem impactos cada vez mais relevantes e com capacidade de levar a um colapso da vida. O agir com responsabilidade é o evitar danos a terceiros que não têm como impedi-los.

Capítulo 2
RESPONSABILIDADE CIVIL AMBIENTAL E RISCO

O estudo da RCDA demanda a sua contextualização como uma manifestação específica do princípio da responsabilidade em geral; neste particular não tendo nenhuma característica que a destaque das demais formas de responsabilidade jurídica. Por outro lado, é inegável que existem traços próprios que dão à RCDA uma configuração especial com peculiaridades que merecem exame. A principal questão é, indiscutivelmente, o risco. O risco é quase que onipresente na discussão sobre responsabilidade civil, muito embora a sua invocação, em boa parte das vezes, seja meramente retórica e distante dos fatos que, efetivamente, são debatidos nos autos judiciais.

A vulgarização do risco tem consequências negativas para a proteção do meio ambiente e da vida humana, pois tende a "normalizar" as "situações de risco", turvando a visão do que, efetivamente, merece ser enquadrado como risco relevante. Ao tratar todos os danos ambientais igualmente, perde-se a noção de proporcionalidade, fazendo com que os danos de larga escala saiam do centro da discussão, pois "todo dano ambiental é irreversível" e, portanto, igual.

Antes de avançar na discussão da RCDA propriamente dita, se faz necessária uma breve incursão no tema do risco. Afinal, o risco é o fundamento último da responsabilidade ambiental, sendo necessário examiná-lo. O risco não é uma categoria abstrata, mas concreta e a sua identificação depende de múltiplos fatores, dentre os quais o (1) conhecimento e o (2) consentimento desempenham papéis fundamentais para a sua avaliação.

Uma questão essencial na avaliação o risco é a de saber se somos capazes de avaliar *todos* os riscos? Com certeza não, pois isto somente seria possível com um conhecimento total, o que é humanamente impossível. A responsabilidade com base no risco, necessariamente, deve considerar tais situações; sobretudo quando se tratar do chamado poluidor indireto.

2.1 PRINCÍPIO DA RESPONSABILIDADE

A RCDA é uma consequência do princípio da responsabilidade que informa o ordenamento jurídico brasileiro, com aplicação no campo específico da proteção do meio ambiente e da recuperação/reparação dos danos que tenham sido causados ao ambiente. Qualquer violação da ordem jurídica, qualquer ato ilícito deve levar à imposição de sanções ao responsável. Isto é, o autor do dano deve prestar contas de seus atos ou omissões.

A responsabilidade civil por danos ao meio ambiente é um campo especializado da responsabilidade civil que possui *status* constitucional, assim como a responsabilidade por danos nucleares, ao consumidor, aos bens de valor histórico, artístico, paisagístico e cultural. De acordo com o artigo 24, VIII da C.F, a legislação sobre a matéria é competência concorrente entre a União e os Estados e o Distrito Federal. Todavia, os estados têm sido relutantes em legislar sobre a matéria, havendo poucos exemplos de legislação estadual sobre responsabilidade ambiental.

Uma exceção que merece destaque é a legislação de alguns estados relativa à responsabilidade ambiental das distribuidoras de combustível. Os estados de (a) Rio de Janeiro (Lei 3.438/2000), (b) Minas Gerais (Lei 15.300/2004); (b) Pernambuco (Lei 12.816/2005). O STF, ao julgar a ADI 2.334/DF,[1] mediante a qual se impugnava a Lei 3.438/2000 do Rio de Janeiro, declarou-a constitucional, tendo em vista que nos termos do art. 24 da Constituição, compete ao Estado regular de forma específica aquilo que a União houver regulado de forma geral. Dessa forma, o legislador estadual, com fundamento na competência que lhe é atribuída pelo art. 24, incisos V e VIII da C.F., editou a lei em tela visando obter um maior controle do combustível comercializado no estado do Rio de Janeiro e colocado à disposição da população, evitando, dessa forma, que o consumidor venha a ser prejudicado por pagar por um produto que absolutamente não corresponde aos padrões exigidos pelos órgãos oficiais competentes, além da repercussão em matéria ambiental e do controle de poluição.

A responsabilidade por danos ao meio ambiente se divide em responsabilidade (1) administrativa, (2) civil e (3) penal. Os parágrafos 2º e 3º do artigo 225 da C.F. trazem as linhas gerais da responsabilidade ambiental que é tratada, basicamente, pelo § 1º do artigo 14 da Lei 6.938/1981 e pela Lei 9.605/1998. Havendo lei especial sobre responsabilidade ambiental, esta se aplica preferencialmente à Lei 6.938/1981, em função do princípio da especialização do direito (Antunes, 2021; Batalha, 1981).

No âmbito internacional, a Declaração do Rio, em seu Princípio 13, estabelece que:

---

1. STF, Tribunal Pleno. Relator Ministro Gilmar Mendes. DJU: 30.05.2003.

> *Os Estados deverão desenvolver a legislação nacional relativa à responsabilidade e à indenização referente às vítimas da contaminação e outros danos ambientais. Os Estados deverão cooperar de maneira diligente e mais decidida no preparo de novas leis internacionais sobre responsabilidade e indenização pelos efeitos adversos dos danos ambientais causados pelas atividades realizadas dentro de sua jurisdição, ou sob seu controle, em zonas situadas fora de sua jurisdição.*[2]

A responsabilidade por danos ao meio ambiente é abrangente, sendo aplicável a: (1) pessoas físicas (pessoa natural, artigo 6º do CCB) e (2) pessoas jurídicas. A Constituição não define se o regime da responsabilidade civil por danos ao meio ambiente é objetivo ou subjetivo, como faz em matéria de dano nuclear.[3]

O CCB admite um regime duplo de responsabilidade. A responsabilidade subjetiva está tipificada no artigo 186; já a objetiva consta do artigo 927, parágrafo único.

A responsabilidade civil e, em especial a ambiental, é casuística e, em grande parte, uma criação jurisprudencial. O seu caráter casuístico e jurisprudencial traz dificuldades para a fixação dos parâmetros de aplicação, sobretudo, quando se trata da valoração dos danos ao meio ambiente e da forma de recuperá-los. Do mesmo jeito, a inexistência de norma escrita clara, induz ao aumento da subjetividade nas decisões judiciais.

2.2   A RESPONSABILIDADE CIVIL AMBIENTAL

A responsabilidade civil ambiental é matéria complexa, pois complexo é o meio ambiente. A amplitude do conceito de ambiente acarreta um alargamento da ideia de responsabilidade e de recuperação ambiental, em especial quando se trata de sua construção jurisprudencial.

A primeira ideia que deve ser associada à de responsabilidade é a da *compensação equivalente* pelo dano injusto sofrido. A dificuldade, em matéria ambiental, é saber em que consiste a equivalência para fins de reparação do dano ou ressarcimento financeiro, conforme o caso concreto. Aqui se parte da ideia de que os bens ambientais são, essencialmente, não fungíveis.

O responsável pelo dano tem o dever de repará-lo o mais amplamente possível. A reparação objetiva restituir ao lesado o que ele injustamente perdeu. Cabe indenizar quando a restituição do bem perdido seja impossível ou extremamente difícil. Entretanto, a prática demonstra que, na maior parte das vezes, é impossível a reconstrução da realidade anterior: *e.g.*, morte de uma pessoa, destruição de

---

2. Disponível em: https://cetesb.sp.gov.br/proclima/wp-content/uploads/sites/36/2013/12/declaracao_rio_ma.pdf. Acesso em: 20 nov. 2023.
3. CF Art. 21, XXIII (d).

uma obra de valor histórico, artístico ou paisagístico; extinção de uma espécie animal etc. Acrescente-se o fato de que a sociedade contemporânea é altamente monetizada e as reparações de danos tendem a ser feitas em dinheiro; abandonando-se a chamada restituição integral que, ordinariamente, é substituída pela indenização em dinheiro. A ideia de reparação integral, quando aplicada em matéria ambiental, tende a ser um objetivo teórico, ante dificuldade de reconstrução de danos ambientais. Uma árvore ilegalmente cortada será substituída por "outra" árvore. O passado não retorna.

A teoria do risco integral que vem sendo adotada pelas Cortes é uma construção jurisprudencial, em grande parte informada pelo senso comum, superdimensionando as responsabilidades como se isso, por si só, fosse suficiente para garantir maior proteção ambiental. Por senso comum entenda-se um conjunto de concepções sobre o meio ambiente que, nem sempre, encontram correlação com o mundo real e, em não poucas vezes, com o mundo dos autos judiciais. É uma teoria-manifesto com pouca aderência ao direito vigente.

2.2.1 O risco como fundamento da responsabilidade

A combinação do parágrafo único do artigo 927 do CCB com o § 1º do artigo 14 da Lei 6.938/1981 nos permite afirmar que a responsabilidade civil ambiental é baseada no risco. Todavia, é importante observar que a responsabilidade civil é, em grande parte, fruto de construção judicial e, portanto, baseada em casuística. As regras e teorias gerais, nem sempre são capazes de dar respostas aos casos concretos. Aliás, soa contraditório que, em tema cuja casuística é de sua própria essência, se pretenda construir uma teoria geral que seja capaz de abarcar todas as hipóteses da vida real.

Risco é uma palavra que, na sociedade contemporânea, ganhou grande proeminência (Douglas, 1994), sendo um dos elementos ao redor dos quais orbitam as preocupações de nosso tempo. A sociedade atual já foi classificada como sociedade de risco (Beck, 2011). Beck afirma que a produção social da riqueza é secundada pela produção de riscos de forma que aos problemas e conflitos distributivos típicos da "sociedade de escassez" se sobrepõem novos problemas e conflitos causados pela distribuição desigual dos riscos tecnológicos e científicos. A modernização traz consigo a liberação de forças destrutivas que em sua potencialidade podem fazer mal a todos os setores sociais. Ulrich Beck afirma que os riscos "não são uma invenção moderna" (2011, p. 25), entretanto, a natureza dos riscos contemporâneos é diferente, pois eles não são apenas riscos pessoais como no passado. Os riscos contemporâneos "surgem para toda a humanidade". No passado, a palavra risco possuía um "tom de ousadia e aventura, e não da possível autodestruição da vida na Terra" (2011, p. 25). Beck nos adverte que a distribuição social dos riscos mostra que, da mesma forma que a distribuição social das riquezas, se vinculam a uma distribuição de classes, "mas de modo inverso: as riquezas acumulam-se em cima, os riscos em baixo" (2011, p. 41).

A onipresença do risco – a sua abundância – faz com que ele se dissolva na sociedade e se "normalize", de forma que passa a ser "esquecido". "Quando tudo se converte em ameaça, de certa forma nada mais é perigoso. Quando já não há mais saída, o melhor afinal é não pensar mais na questão" (Beck, 2011, p, 43). Efetivamente, e.g., a MAD (mutual assured destruction)[4] caiu no esquecimento e não nos recordamos mais da capacidade de "mútua destruição assegurada" pelo número de ogivas nucleares oficialmente existentes.

O risco, entretanto, não é uma categoria neutra, pois é possível que ao evitarmos determinado risco, estejamos criando outros. A construção do risco é, antes de tudo, social. As relações entre a invasão da Ucrânia pela Federação Russa e o consumo de combustíveis fosseis nos fornecem um bom exemplo. A Alemanha – grande consumidora de gás natural russo, se viu sem tal fonte de energia, tendo retomado a geração de energia por termelétricas a base de carvão.[5] O risco de aumentar a emissão de GEE foi considerado menor do que o risco de utilização de energia de fonte nuclear para a geração de energia. O gás russo já foi inteiramente substituído pelo fornecimento norueguês.[6]

Na década de 60 do século XX Rachel Carson (1962) alertou o mundo para os perigos do DDT e dos produtos químicos em geral. Segundo Carson, desde meados da década de 40 mais de 100 produtos químicos haviam sido criados com a finalidade de matar insetos, ervas daninhas, roedores e outros organismos descritos na linguagem corrente como "pestes" e que são vendidos sob milhares de nomes comerciais. Ainda segundo a autora tais produtos são utilizados em fazendas, jardins, florestas e lares, podendo matar insetos "bons" e "ruins", pois não são seletivos. Rachel Carson indaga se "alguém acredita que seja possível deitar tal barreira de venenos na superfície da Terra, sem fazer mal a todas as formas de vida" (1962, p. 8).

A importância de Rachel Carson para a construção do ambientalismo é indiscutível, as suas denúncias eram bem fundamentadas tecnicamente e colocaram em questão a utilização indiscriminada de agrotóxicos, ao ressaltar os seus aspectos negativos. O livro Primavera Silenciosa foi decisivo para que

---

4. Disponível em: https://www.britannica.com/topic/mutual-assured-destruction. Acesso em: 27 jan. 2024.
5. Crise energética reacendeu indústria do carvão na Alemanha. Disponível em: https://www.dw.com/pt-br/como-a-crise-energ%C3%A9tica-reacendeu-a-ind%C3%BAstria-do-carv%C3%A3o-na-alemanha/a-64242697. Acesso em: 26 dez. 2023.
6. Disponível em: https://www.bbc.com/portuguese/internacional-63769249. Acesso em: 27 jan. 2024.

o DDT fosse proibido em vários países. Contudo, o banimento do DDT é um tema demasiadamente polêmico. O fato é que pessoas diferentes se preocupam com riscos diferentes (Douglas e Wildavsky, 1983). Na questão do DDT, Cass R. Sunstein (2004) recorda que Carson tinha razão ao apontar os efeitos deletérios do produto mas, que o seu banimento também era potencialmente apto a gerar efeitos deletérios para os humanos e para os animais.

Embora não sejamos capazes de identificar todos os riscos que estão à nossa volta, devemos agir como se pudéssemos. Mary Douglas e Aaron Wildavsky (1983) sustentam que as nossas considerações sobre os riscos partem de três elementos: (1) grande discordância sobre a questão; (2) pessoas diferentes temem riscos diferentes (inflação, guerra, poluição, emprego) e (3) o conhecimento e a ação são dessincronizados. Em síntese, os autores afirmam que há uma discordância substancial sobre (1) o que é arriscado? (2) o quanto é arriscado? e (3) o que fazer em relação ao risco? (p. 1).

Uma vez que não é possível ter conhecimento de tudo, parece ser razoável que não sejamos capazes de conhecer todos os riscos aos quais estamos expostos. Conviver com riscos é parte da vida humana, desde sempre. Como administrar a convivência é que é o ponto que merece atenção. A definição dos riscos socialmente aceitáveis decorre de uma combinação de conhecimento, crenças, objetivos e valores. Uma sociedade com crenças comuns, também terá temores comuns.

A crescente denúncia dos riscos ambientais é uma demonstração de que o tema se deslocou de uma preocupação social marginal para um ponto central da agenda política.

2.2.1.1 Modalidades de riscos

O risco serve de base para diferentes teorias de responsabilidade civil (Tartuce, 2011). Entretanto, é preciso estar ciente de que para os efeitos de aplicação do parágrafo único do artigo 927 do CCB, só devem ser consideradas as atividades que habitualmente e que, por sua própria natureza, sejam aptas a gerar riscos para terceiros.

As modalidades de risco capazes de informar a teoria da responsabilidade por risco são múltiplas e em constante expansão, assim como os próprios riscos ou a percepção deles. Aqui não se pretende fazer uma exposição exaustiva sobre todas as teorias, mas, apenas e tão somente, apresentar uma visão geral delas.

O risco criado é o que tem por origem muitos atos isolados ou atividades que potencialmente geram perigo para terceiros. Merece atenção o fato de que o STJ tem entendido que *"[p]ara a* responsabilidade objetiva da teoria do risco criado, adotada pelo art. 927, parágrafo único, do CC/02, o dever de reparar exsurge da materialização do risco – da inerente e inexorável potencialidade de qualquer atividade lesionar interesses alheios – em um dano; da conversão do perigo genérico e abstrato em um prejuízo concreto e individual".[7] Desta maneira, parece claro que a mera exposição ao risco não é suficiente para gerar a obrigação de indenizar: há que se identificar um dano/prejuízo concreto.

O *risco proveito* é o que serve de base para benefícios e vantagens de um determinado negócio ou atividade. É tipicamente o modelo adotado pelo CDC; o STJ tem entendido que a aplicação do risco proveito não é automática, necessitando de análise casuística das circunstâncias.[8]

A jurisprudência consolidada do STJ tem reconhecido que a RCDA, no direito brasileiro, é baseada na teoria do risco integral. Tema Repetitivo 707, tese firmada:

> a) a responsabilidade por dano ambiental é objetiva, informada pela teoria do risco integral, sendo o nexo de causalidade o fator aglutinante que permite que o risco se integre na unidade do ato, sendo descabida a invocação, pela empresa responsável pelo dano ambiental, de excludentes de responsabilidade civil para afastar sua obrigação de indenizar; b) em decorrência do acidente, a empresa deve recompor os danos materiais e morais causados; c) na fixação da indenização por danos morais, recomendável que o arbitramento seja feito caso a caso e com moderação, proporcionalmente ao grau de culpa [ênfase acrescida], ao nível socioeconômico do autor, e, ainda, ao porte da empresa, orientando-se o juiz pelos critérios sugeridos pela doutrina e jurisprudência, com razoabilidade, valendo-se de sua experiência e bom senso, atento à realidade da vida e às peculiaridades de cada caso, de modo a que, de um lado, não haja enriquecimento sem causa de quem recebe a indenização e, de outro, haja efetiva compensação pelos danos morais experimentados por aquele que fora lesado.

---

7. REsp 1786722 / SP. Relatora: Ministra Nancy Andrighi. 3ª Turma. DJe 12.06.2020.

8. STJ – REsp 1426598 / PR. Relatora: Ministra Nancy Andrighi. 3ª Turma. DJe 30.10.2017.

3. Tradicionalmente, a jurisprudência desta Corte entende que os estabelecimentos comerciais e congêneres que fornecem estacionamento aos veículos de seus clientes respondem objetivamente por danos, furtos ou roubos. O entendimento – que foi consolidado na Súmula 130/STJ – é de que a disponibilização do estacionamento constitui mecanismo de captação de clientela para o estabelecimento, que, em troca dos benefícios indiretos que aufere, deve zelar pela segurança dos veículos dos consumidores, suportando os riscos inerentes à comodidade oferecida. 4. Contudo, essa orientação, que se fundamenta na teoria do risco-proveito, acaba por, automaticamente e sem quaisquer outras considerações, transferir o risco de dano ou subtração do veículo para o mantenedor do estacionamento, risco esse que, a princípio, é do proprietário do bem. 5. Além disso, a teoria do risco-proveito, aplicada sistematicamente, implica a presunção de que o risco assumido por qualquer estabelecimento, assim como o proveito decorrente do estacionamento, é uniforme e invariável, o que não condiz com a realidade econômica-social, tão dinâmica e multifacetada. 6. Nesse contexto, entende-se que a responsabilidade do estabelecimento por danos ou subtrações de veículos em estacionamentos deve ser aferida casuisticamente, cabendo ao julgador investigar se o conjunto das circunstâncias concretas do estabelecimento e seu estacionamento são aptas a gerar, no consumidor-médio, razoável expectativa de segurança.

Em relação ao Tema 707, cabe observar que ele possui uma contradição. De fato, se a responsabilidade é objetiva e, portanto, independente de culpa [conduta subjetiva], qual o sentido de se fixar a indenização "proporcionalmente ao grau de culpa"?

A teoria da responsabilidade por risco integral indica que, em tal hipótese, não há a possibilidade de apresentação de excludentes, devendo o titular das atividades que tenham causado danos a terceiros, arcar com toda a reparação, independentemente do que tenha dado causa ao dano. O risco integral, conforme a observação de Flávio Tartuce (2011, p. 173) é uma teoria influenciada "claramente pela evolução da doutrina ambientalista em nosso país" que não admite qualquer exclusão de responsabilidade. Entretanto, cabe registrar que cuida-se de uma construção que, aparentemente, tem dificuldade de se escorar em um preceito legal.

2.2.1.1.1 Risco abusivo ou intolerável

A atividade econômica, em princípio, é lícita e deve ser exercida em conformidade com a lei. O direito ambiental, em grande parte, destina-se a regular conflitos de usos legítimos e, em tal circunstância, guarda alguma semelhança com o direito de vizinhança. O CCB [Art. 1277 – 1281] regula o uso anormal da propriedade, assegurando ao proprietário ou possuidor de um prédio o "direito de fazer cessar as interferências prejudiciais à segurança, ao sossego e à saúde dos que o habitam, provocadas pela utilização de propriedade vizinha". [Art. 1277] O parágrafo único do artigo 1277 estabelece que as proibições das interferências devem considerar "a natureza da utilização, a localização do prédio, atendidas as normas que distribuem as edificações em zonas, e os limites ordinários de tolerância dos moradores da vizinhança". Há a cláusula que autoriza o prosseguimento da interferência quando "forem justificadas por interesse público, caso em que o proprietário ou o possuidor, causador delas, pagará ao vizinho indenização cabal [Art. 1279]".[9]

---

9. Apelação. Direito de vizinhança. Ruídos emitidos por colégio. Necessidade de produção de perícia. Anulação da sentença. No caso em tela, a produção de prova pericial, com a nomeação de perito que possa atestar a situação relativa aos barulhos emitidos pelo colégio réu, é imprescindível para o deslinde da controvérsia. Com efeito, apenas uma prova técnica é capaz de esclarecer qual os níveis de ruído emitidos pelo colégio, as consequências da submissão cotidiana a tais níveis e a possibilidade de adoção de medidas e instrumentos mitigadores dos ruídos. Ao contrário do que se alega na sentença, o simples fato de o colégio não fazer uso nocivo, anormal ou abusivo de sua propriedade não conduz à improcedência da pretensão autoral, uma vez que a disciplina trazida pelo Código Civil de 2002, em seus art. 1277 a 1279, leva em conta limites ordinários de tolerância (art. 1277, parágrafo único). Além disso, o art. 1279 do CC estabelece que, mesmo em caso de interferências toleráveis, sendo possíveis sua eliminação ou redução, o vizinho poderá exigi-las. Nesse sentido, se faz a realização de perícia técnica a fim de esclarecer (i) se os ruídos emitidos pelo colégio réu estão dentro dos limites de tolerância, (ii) quais as consequências do barulho produzido aos vizinhos e (ii) se eventualmente

Não é difícil perceber que o CCB admite um determinado grau de "interferência" de uma atividade sobre a sua vizinhança. Esta interferência não é nada mais, nada menos do que um dano ambiental aceitável ou tolerável, fruto de uma atividade lícita que, ainda assim, pode gerar o direito a uma indenização "cabal". Todavia, em caso de haver condições técnicas de superação do "incômodo", mesmo que este esteja sendo produzido dentro dos parâmetros legais permitidos, impõe-se o dever de fazer cessá-lo.

Uma atividade legalmente autorizada pode, e não poucas vezes o faz, abusar de seu direito de "interferir" em sua vizinhança. Conforme observa Clóvis Eduardo Malinverni da Silveira (2014). O abuso indica excesso, o aproveitamento de uma situação que ultrapassa os limites da permissão social, extrapolando o razoável. É certamente, um conceito aberto que, no entanto, deve ser considerado como juridicamente aplicável e que deve ser construído conforme a realidade concreta que se apresente ao aplicador do direito. A situação é essencialmente fática.

Délton Vinter de Carvalho (2008) sustenta que a intolerabilidade dos riscos se alicerça na (a) sua alta probabilidade de concretização e (b) em sua magnitude. A partir disto, conclui que os riscos ilícitos são aqueles cuja avaliação de probabilidade e magnitude lhes atribui tal condição, por ultrapassarem os limites do razoável. Há que se acrescentar que não apenas os riscos de grande magnitude podem ser classificados como intoleráveis. Mais uma vez, a situação deve ser avaliada à luz das situações concretas do caso. A emissão continuada de material particulado, o ruído constante, os odores permanentes podem não ser capazes de causar danos de grande magnitude, mas a sua continuidade e persistência podem gerar danos importantes à saúde humana, ao ambiente etc.[10]

O risco intolerável, certamente, é um dos elementos aptos a disparar a estrutura da responsabilidade civil, podendo contribuir para a melhoria da proteção ambiental de forma decisiva (Viana, 2019). Observe-se, no entanto, que tais situações são excepcionais, não devendo ser banalizadas.[11]

---

há formas de redução da emissão de ruídos a serem adotadas. Assim, a sentença deve ser anulada, por cerceamento de defesa, para o prosseguimento do feito com a instrução processual e a realização de perícia. Provimento do recurso. TJ-RJ – APL: 0056841852015819000. Rio de janeiro Capital. 4ª Vara Cível, Relator: Renata Machado Cotta, Data de Julgamento: 24/05/2016, 3ª Câmara Cível, Data de Publicação: 30.05.2016).

10. Em casos graves, o Decreto-lei 1413/1975 admite a relocalização da atividade poluidora. Art. 4º Nas áreas críticas, será adotado esquema de zoneamento urbano, objetivando, inclusive, para as situações existentes, viabilizar alternativa adequada de nova localização, nos casos mais graves, assim como, em geral, estabelecer prazos razoáveis para a instalação dos equipamentos de controle da poluição. Parágrafo único. Para efeito dos ajustamentos necessários, dar-se-á apoio de Governo, nos diferentes níveis, inclusive por financiamento especial para aquisição de dispositivos de controle.

11. Agravo de instrumento. Processo civil. Tutela de urgência antecipada. Requisitos do artigo 300, do CPC/15. Ausência de comprovação de risco intolerável, perigo concreto ou situação de urgência.

2.2.2 O risco integral na jurisprudência do Supremo Tribunal Federal e do Superior Tribunal de Justiça

Os tribunais superiores (STF e STJ) têm examinado, com frequência, temas ambientais. As questões relacionadas à responsabilidade civil por danos ao meio ambiente têm sido objeto mais frequente do STJ. O chamado "tribunal da cidadania", entretanto, oferece decisões contraditórias e, portanto, não servindo de referência capaz de fornecer uma posição conclusiva quanto à matéria. O STF não tem uma posição consolidada em relação à responsabilidade civil por danos ao meio ambiente, muito embora tenha uma visão posição sobre a responsabilidade civil em geral.

O STJ é, seguramente, o tribunal que tem definido os contornos judiciais da responsabilidade civil ambiental e traçado as suas linhas fundamentais. O STJ tem, em diversas oportunidades, agido de forma voluntarista e, com isso, criando direito novo.

2.2.2.1 Supremo Tribunal Federal

O STF tem entendimento no sentido de que as normas de responsabilidade contidas na C.F. indicam o piso da responsabilidade civil; ou seja, a lei pode definir critérios que ampliem o regime de responsabilidade, tornando-o mais estrito, conforme o caso. A esse respeito é conveniente que se observe o decidido no julgamento da ADI 4976, relativa à Lei 12.663/2012 (Lei Geral da Copa), o Relator Ministro Ricardo Lewandowski tenha sustentado que

> [a] disposição contida no art. 37, § 6º, da Constituição Federal não esgota a matéria relacionada à responsabilidade civil imputável à Administração, pois, em situações especiais de grave risco para a população ou de relevante interesse público, pode o Estado ampliar a respectiva responsabilidade, por danos decorrentes de sua ação ou omissão, para além das balizas do

---

Recurso conhecido e provido. I. Nos termos do artigo 300, caput, do CPC/15, o deferimento da tutela de urgência exige a presença de elementos que evidenciem a probabilidade do direito e o perigo de dano ou o risco ao resultado útil do processo caso aguarde-se o deslinde final da demanda, devendo-se, necessariamente, sopesar-se a esta a vedação contida no § 3º, do artigo 300, do CPC/15, segundo o qual A tutela de urgência de natureza antecipada não será concedida quando houver perigo de irreversibilidade dos efeitos da decisão. II. Na hipótese, além da ululante irreversibilidade dos danos provocados pela demolição do muro que guarnece a residência do réu/agravante, não se vislumbra a efetiva necessidade da medida demolitória requerida liminarmente pelos autores/agravados, seja por inexistir risco intolerável, perigo concreto ou situação de urgência que inviabilize o aguardar do juízo de convencimento exauriente III. Recurso conhecido e provido. Acórdão. Vistos, relatados e discutidos estes autos, acordam os Desembargadores da Terceira Câmara Cível, por unanimidade, conhecer do recurso e dar-lhe provimento, nos termos do voto do relator. Vitória-ES, 2018. Presidente Relator. TJ-ES – AI: 00036416220188080035, Relator: Jorge Henrique Valle dos Santos, Data de Julgamento: 07.08.2018, 3ª Câmara Cível, Data de Publicação: 17.08.2018.

> *supramencionado dispositivo constitucional, inclusive por lei ordinária, dividindo os ônus dessa extensão com toda a sociedade.*

A afirmação é coerente, pois cabe à lei estabelecer as minucias do regime de responsabilidade civil, nos casos em que a Constituição não tenha disposto inteiramente sobre a matéria. Contudo, ao decorrer de seu voto, o Relator, tenha avançado na questão da RCDA, conforme o seguinte trecho de sua manifestação.

> *É possível encontrar, ainda, outro exemplo de opção pela teoria do risco integral por parte do constituinte, quando este tratou do dano ambiental, previsto no art. 225, § 3º, da CF, e replicado no art. 14, § 1º, da Lei 6.938/1981.*

Não há dúvida de que a responsabilidade ambiental é objetiva, tal como disposto no § 1º do artigo 14 da PNMA, daí, no entanto, não decorre que ela seja de risco integral, pois a lei é omissa e o regime de risco integral é excepcional e, portanto, não pode ser presumido. A conclusão lógica do voto do Ministro Lewandowski só pode ser no sentido de que a lei poderia definir o regime de responsabilidade por risco integral, o que não aconteceu. É importante registrar que o mesmo STF, ao julgar o RE 828040, fixou a tese de que

> [o] artigo 927, parágrafo único, do Código Civil é compatível com o artigo 7º, XXVIII, da Constituição Federal, sendo constitucional a responsabilização objetiva do empregador por danos decorrentes de acidentes de trabalho, nos casos especificados em lei, ou quando a atividade normalmente desenvolvida, por sua natureza, apresentar exposição habitual a risco especial, com potencialidade lesiva e implicar ao trabalhador ônus maior do que aos demais membros da coletividade.[12]

É possível concluir, portanto, que a instituição de um regime jurídico de responsabilidade por risco integral é matéria legislativa. Aliás, se o regime de responsabilidade por risco integral tem entre as suas características, v.g., a ine-xistência de excludentes de responsabilidade, tal regime não existe no direito brasileiro. Mesmo os sistemas de responsabilidade mais estritos, como o de res-ponsabilidade nuclear, admitem as cláusulas excludentes de responsabilidade.[13] Não parece ser razoável que uma construção pretoriana seja juridicamente apta a estabelecer um regime de responsabilidade com diferenças tão profundas do regime legal.

---

12. STF. RE 828040. Repercussão Geral – Mérito (Tema 932). Tribunal Pleno. Relator: Min. Alexandre de Moraes. Publicação: 26.06.2020. 932 – Possibilidade de responsabilização objetiva do empregador por danos decorrentes de acidentes de trabalho.

13. Lei 6453/1977. Art. 6º Uma vez provado haver o dano resultado exclusivamente de culpa da vítima, o operador será exonerado, apenas em relação a ela, da obrigação de indenizar. ... Art. 8º O operador não responde pela reparação do dano resultante de acidente nuclear causado diretamente por conflito armado, hostilidades, guerra civil, insurreição ou excepcional fato da natureza.

2.2.2.2 Superior Tribunal de Justiça

O STJ, devido à sua competência constitucional de unificar a interpretação do direito infraconstitucional, tem se debruçado sobre o tema da responsabilidade civil e, inclusive, sobre a RCDA. Há um vasto conjunto de decisões que merece exame. Entretanto, a corte tem feito uma divisão, no que se refere à responsabilidade ambiental que, francamente, não se justifica.

2.2.2.2.1 Configuração da responsabilidade civil por danos ambientais pelo STJ

O STJ consolidou sua jurisprudência em matéria de RCDA, tendo fixado pelo menos 6 (seis) Temas Repetitivos e 3 (três) Súmulas.

Tema Repetitivo	Tese Firmada
438	A alegação de culpa exclusiva de terceiro pelo acidente em causa, como excludente de responsabilidade, deve ser afastada, ante a incidência da teoria do risco integral e da responsabilidade objetiva ínsita ao dano ambiental (art. 225, § 3º, da CF e do art. 14, § 1º, da Lei 6.938/81), responsabilizando o degradador em decorrência do princípio do poluidor-pagador.
681	A responsabilidade por dano ambiental é objetiva, informada pela teoria do risco integral, sendo o nexo de causalidade o fator aglutinante que permite que o risco se integre na unidade do ato, sendo descabida a invocação, pela empresa responsável pelo dano ambiental, de excludentes de responsabilidade civil para afastar a sua obrigação de indenizar.
707	a) a responsabilidade por dano ambiental é objetiva, informada pela teoria do risco integral, sendo o nexo de causalidade o fator aglutinante que permite que o risco se integre na unidade do ato, sendo descabida a invocação, pela empresa responsável pelo dano ambiental, de excludentes de responsabilidade civil para afastar sua obrigação de indenizar; b) em decorrência do acidente, a empresa deve recompor os danos materiais e morais causados; c) na fixação da indenização por danos morais, recomendável que o arbitramento seja feito caso a caso e com moderação, proporcionalmente ao grau de culpa, ao nível socioeconômico do autor, e, ainda, ao porte da empresa, orientando-se o juiz pelos critérios sugeridos pela doutrina e jurisprudência, com razoabilidade, valendo-se de sua experiência e bom senso, atento à realidade da vida e às peculiaridades de cada caso, de modo a que, de um lado, não haja enriquecimento sem causa de quem recebe a indenização e, de outro, haja efetiva compensação pelos danos morais experimentados por aquele que fora lesado.
834	O dano material somente é indenizável mediante prova efetiva de sua ocorrência, não havendo falar em indenização por *lucros cessantes* dissociada do dano efetivamente demonstrado nos autos; assim, se durante o interregno em que foram experimentados os efeitos do dano ambiental houve o período de 'defeso' – incidindo a proibição sobre toda atividade de pesca do lesado –, não há cogitar em indenização por lucros cessantes durante essa vedação.
957	As empresas adquirentes da carga transportada pelo navio Vicuña no momento de sua explosão, no Porto de Paranaguá/PR, em 15.11.2004, não respondem pela reparação dos danos alegadamente suportados por pescadores da região atingida, haja vista a ausência de nexo causal a ligar tais prejuízos (decorrentes da proibição temporária da pesca) à conduta por elas perpetrada (mera aquisição pretérita do metanol transportado).
1204	As obrigações ambientais possuem natureza *propter rem*, sendo possível exigi-las, à escolha do credor, do proprietário ou possuidor atual, de qualquer dos anteriores, ou de ambos, ficando isento de responsabilidade o alienante cujo direito real tenha cessado antes da causação do dano, desde que para ele não tenha concorrido, direta ou indiretamente.

A jurisprudência consolidada do STJ nos permite identificar alguns standards utilizados pelo tribunal em matéria de RCDA. Inicialmente, cumpre registrar que a teoria do risco integral está bem solidificada, inclusive com a negativa de reconhecimento de cláusulas excludente de responsabilidade. Por outro lado, a responsabilidade, segundo o Tema Repetitivo 438, se dá com base no PPP, o que indica ser doutrinariamente equivocado, pois o princípio do poluidor pagador é essencialmente um princípio de natureza econômica e preventivo; não se prestando a reparação de danos, como é o caso da responsabilidade civil. O Tema 681 segue a mesma orientação, tendo abandonado a menção ao PPP.

O Tema repetitivo 707 é, dentre todos os temas, o que desceu a maiores detalhes na definição dos parâmetros de aplicação da RCDA. Dele podemos extrair as seguintes conclusões: (a) responsabilidade com base na teoria do risco integral e, consequentemente, inexistência de excludentes de responsabilidade; (b) obrigatoriedade de recomposição de danos materiais e morais; (c) os danos morais hão de ser fixados casuisticamente e de forma moderada, considerando-se o "grau de culpa" e o "nível socioeconômico do autor". Observe-se que, no caso de dano moral, o Tema repetitivo 707 se refere ao grau de culpa, o que é incongruente com a definição de um regime de responsabilidade baseado em risco integral, no qual as condutas são irrelevantes para dar fundamento à obrigação de indenizar.

Em relação à indenização os danos materiais (dano ambiental impróprio), a sua indenização só é cabível mediante a demonstração de sua ocorrência efetiva.

O Tema repetitivo 957 explicita e reafirma a necessidade de nexo de causalidade entre fato e dano. A observância do Tema 957 é da maior relevância na discussão sobre o chamado poluidor indireto, cujo conceito tem sido indevidamente ampliado e objetivado.[14]

Por fim, o Tema repetitivo 1204 define que as obrigações ambientais têm natureza propter rem, ou seja, decorrem da própria coisa e, portanto, não podem ser compreendidas no contexto da responsabilidade civil por danos ao meio ambiente. É doutrinariamente incorreto definir o cumprimento de uma "obrigação real" como consequência do dever de reparar danos. No caso que deu origem ao Tema repetitivo 1204, a matéria era relativa à propriedade imobiliária, não se tratando propriamente de recuperação de danos ambientais. Na hipótese, há que se ressaltar que as áreas de preservação permanente e as áreas de reserva legal integram o conceito de propriedade ou posse rural, tal, como definidos pela Lei 12.651/2012.

---

14. Ver capítulo 4.

Súmula 623	As obrigações ambientais possuem natureza *propter rem*, sendo admissível cobrá-las do proprietário ou possuidor atual e/ou dos anteriores, à escolha do credor.
Súmula 629	Quanto ao dano ambiental, é admitida a condenação do réu à obrigação de fazer ou à de não fazer cumulada com a de indenizar.
Súmula 652	A responsabilidade civil da Administração Pública por danos ao meio ambiente, decorrente de sua omissão no dever de fiscalização, é de caráter solidário, mas de execução subsidiária.

As súmulas do STJ em matéria de RCDA são coerentes com os Temas repetitivos.

2.3 CRÍTICA À TEORIA DO RISCO INTEGRAL EM MATÉRIA AMBIENTAL

A objetivação da responsabilidade ambiental é legal e não constitucional. Por outro lado, a CF instituiu um tríplice responsabilidade ambiental que se reparte em responsabilidade (1) administrativa, (2) civil e (3) penal, indicando a existência de um modelo de *responsabilidade híbrida* (Truihé-Marengo, 2015, p. 235), dado o alto nível de imbricação entre as três esferas. A partir da leitura da EC 42, tem-se que a CF determina que as imposições relativas à proteção do meio ambiente devem recair sobre as atividades econômicas de forma proporcional aos agravos que elas, efetiva ou potencialmente, causem ao meio ambiente e, certamente, isto deve ser estendido ao regime de responsabilidade.

A teoria do risco integral, nas palavras de Caio Mário da Silva Pereira, "não cogita de indagar como ou porque ocorreu o dano" (1990, p. 200). Ainda segundo o Professor da Faculdade Nacional de Direito, "[é] suficiente apurar se houve o dano, vinculado a um fato qualquer, para assegurar à vítima uma indenização". A teoria não prosperou no âmbito do direito privado, onde "não fez escola". No direito administrativo, segundo Maria Sylvia Zanella Di Pietro (2022), durante muito tempo boa parte da doutrina não distinguia as expressões risco administrativo e risco integral, de forma que, mesmo alguns autores que falavam em risco integral, admitiam as causas excludentes de responsabilidade. Em conclusão ela afirma que:

> [p]ortanto, não é demais repetir que as divergências são mais terminológicas, quanto à maneira de designar as teorias, do que de fundo. Todos parecem concordar em que se trata de responsabilidade objetiva, que implica averiguar se o dano teve como causa o funcionamento de um serviço público, sem interessar se foi regular ou não. Todos também parecem concordar em que algumas circunstâncias excluem ou diminuem a responsabilidade do Estado (Di Pietro, 2022, p. 823). (ênfase da MSZP)

Finalmente, é possível perceber que a teoria do risco integral "é aplicada apenas nas circunstâncias em que a legislação afasta a possibilidade da alegação de excludentes de responsabilização, que são: força maior ou caso fortuito, culpa exclusiva da vítima ou culpa exclusiva de terceiros" (Nohara, 2022, p. 736). Isto é, o risco integral, com a inexistência de excludentes, é matéria reservada à lei formal.

O STF, em relação a matéria, tem entendimento que "a responsabilidade civil estatal, segundo a Constituição Federal de 1988, em seu artigo 37, § 6º, subsume-se à teoria do risco administrativo, tanto para as condutas estatais comissivas quanto paras as omissivas, posto rejeitada a teoria do risco integral".[15]

Assim, como se viu, a adoção da teoria do risco integral, por parte do STJ, não encontra uma base lega clara e insofismável.

2.3.1 Limites interpretativos

A interpretação das normas de direito é tema espinhoso e que dá margem a inúmeras discussões sobre os seus limites. É desnecessário dizer que a doutrina e a jurisprudência desempenham papel fundamental em tal mister. Entretanto, há diferenças fundamentais entre interpretar o direito, o sugerir novas normas para atender realidades cambiantes e a criação do direito pelo caminho doutrinário ou jurisprudencial. Não se desconhece que o trabalho interpretativo sempre induz a um determinado grau de "criação" de direito novo. Contudo, isto deve ser feito de forma moderada e, diante de circunstâncias extremamente particulares. É certo que as interpretações judiciais do direito integram uma determinada ordem jurídica. A fixação dos limites aceitáveis para a "criação" de direito pelos tribunais, em um estado democrático de direito, é uma questão complexa que permanece em aberto e exige compromisso com a autocontenção por parte do Judiciário. Estas diferenças são básicas em um Estado Democrático de Direito, no qual há separação entre os três Poderes do Estado. A responsabilidade civil ambiental, com base na teoria do risco integral é uma construção doutrinária e jurisprudencial que não encontra raízes no direito positivo brasileiro, repita-se.

A formulação da responsabilidade ambiental como baseada na teoria do risco integral e, portanto, sem a possibilidade de aplicação de qualquer causa de exclusão de responsabilidade, é uma leitura equivocada do artigo 14, § 1º da PNMA c/c o artigo 927, parágrafo único do CCB e os §§ 2º e 3º do artigo 225 da C.F. Tal leitura "esquece" que a responsabilidade civil está regulada no CCB e que, não havendo norma especial sobre o tema, há que se aplicar a norma geral que reconhece as exclusões e não fez qualquer exceção à responsabilidade com base no risco integral. É indisputável que o CCB estabeleceu as hipóteses de exclusão

---

15. STF. RE 841526. Repercussão Geral – Mérito (Tema 592). Tribunal Pleno. Relator: Min. Luiz Fux. Publicação: 1º.08.2016.

de ilicitude (responsabilidade), não havendo feito exceção para o parágrafo único do artigo 927, muito menos para o § 1º do artigo 14 da PNMA.

A C.F., ao cuidar de uma das atividades que potencialmente tem a capacidade de causar danos ambientais de larga escala: a atividade nuclear [Art. 21, XXIII, d], dispôs claramente que "a responsabilidade civil por danos nucleares independe da existência de culpa". Por sua vez, a Lei 6453/1977, seguindo o modelo internacional para a questão, expressamente dispôs sobre as excludentes de responsabilidade civil no caso de culpa exclusiva da vítima, ou no caso de conflitos armados, hostilidades, guerra civil, insurreição ou fato excepcional da natureza. Veja-se que mesmo o regime de responsabilidade civil por danos nucleares *não é baseado no risco integral*, conforme tal teoria tem sido interpretado pela doutrina e jurisprudência. No particular, averbe-se que Sergio Cavalieri Filho sustenta a não recepção da Lei 6.453/1977 pela Constituição de 1988 (2023), o que não parece ser o caso.

2.3.2 Excludentes de responsabilidade no direito ambiental brasileiro

A jurisprudência predominante no STJ, relativamente às excludentes de responsabilidade, não corresponde à melhor aplicação do direito vigente e, portanto, merece crítica.

> A responsabilidade por dano ambiental é objetiva, informada pela teoria do risco integral, sendo o nexo de causalidade o fator aglutinante que permite que o risco se integre na unidade do ato, sendo descabida a invocação, pela empresa responsável pelo dano ambiental, de excludentes de responsabilidade civil para afastar sua obrigação de indenizar (Tese julgada sob o rito do art. 543-C do CPC/1973 – Tema 681 e 707, letra *a*).

> A alegação de culpa exclusiva de terceiro pelo acidente em causa, como excludente de responsabilidade, deve ser afastada, ante a incidência da teoria do risco integral e da responsabilidade objetiva ínsita ao dano ambiental (art. 225, § 3º, da CF e art. 14, § 1º, da Lei 6.938/1981), responsabilizando o degradador em decorrência do princípio do poluidor-pagador (Tese julgada sob o rito do art. 543-C do CPC/1973 – Tema 438).

Sabemos que a objetivação da responsabilidade traz consigo alguns elementos característicos que são, e.g., a (a) diminuição dos prazos prescricionais; a (b) tarifação da responsabilidade e a (c) exclusão de responsabilidade (Betiol, 2010). A formulação do STJ para a reponsabilidade ambiental baseada no risco integral nega cabalmente, todos os pressupostos teóricos que são tradicionalmente aceitos na responsabilidade civil objetiva. Assim, a corte criou um regime de responsabilidade civil ambiental que, por falta de base normativa, não encontra similar.

Há relevante crítica doutrinária às visões do STJ sobre a matéria. Paulo Affonso Leme Machado, admite a existência de exclusão de responsabilidade (ilicitude) em matéria ambiental, realçando o fato de que "terremotos, raios e inundações constituem exemplos de fatos necessários que poderão gerar efeitos que, em tese, poderiam afastar a responsabilidade do devedor"; acrescenta que: "[m]as é preciso que sejam examinados os casos concretos para comprovar se os efeitos desses fatos podiam ser evitados e impedidos" (Machado, 2023, p. 398). Aqui reside o ponto fundamental da questão. A análise deve ser casuística e evitando, na medida do possível, a utilização de fórmulas gerais que não se prestam às particularidades das questões ambientais. Veja-se que, nos dias atuais, o avanço da tecnologia e do conhecimento científico permitem uma ampliação do conhecimento sobre os fenômenos naturais, com uma real diminuição das hipóteses de caso fortuito, força maior ou simples imprevistos.

Annelise Steigleder sustenta que deve se aplicar a excludente de ilicitude (responsabilidade) admitindo apenas a força maior e o fato de terceiro como causas excludentes, "eis que consistem em fatos externos, imprevisíveis e irresistíveis, nada tendo a ver com os riscos intrínsecos ao estabelecimento ou atividade" (Steigleder, 2004, p. 212). Maria Luiza Machado Granziera (2014, p. 719-720) deu um excelente tratamento à questão ao escrever:

> Há que se analisar a questão à luz do risco ao qual a atividade causadora de dano expôs a sociedade e o meio ambiente, ou seja, cada caso deve ser objeto de análise acurada, com vistas a verificar se era ou não possível prever a possibilidade de ocorrência de dano ambiental. Se não ficar claramente evidenciado que o fato ocorrido estava totalmente fora da previsão e do controle do empreendedor e que nenhum ato seu colaborou para a realização do dano, é cabível a sua responsabilização" (ênfase MLMG).

Anderson Furlan e William Fracalossi (2010, p. 514) sustentam que "à falta de uma norma específica determinando expressamente a responsabilização objetiva pela teoria do risco integral, a admissão das excludentes de responsabilidade decorre das normas atualmente vigentes" (ênfase no original). Há outros autores que manifestam posicionamento assemelhado aos acima citados, tais como Carolina Medeiros Bahia (2019). Por fim, vale registrar a observação de Délton Vinter de Carvalho que indica ser a teoria do risco integral capaz de provocar "uma sobrecarga e, consequentemente, profundas irritações (...) no sistema econômico a partir de uma exacerbada insegurança jurídica ao empreendedor acerca de suas possíveis responsabilizações" (2017, p. 484).

O que foi examinado acima, permite-nos concluir que, muito embora o tema seja complexo, não há base legal suficiente que dê sustentação à atual jurisprudência do STJ sobre a matéria e que, no direito ambiental brasileiro não se pode falar em responsabilidade civil ambiental com base na teoria do risco integral, por ausência de previsão legal.

2.3.2.1 *Excludentes de responsabilidade ambiental em outras ordens jurídicas*

As excludentes de responsabilidade em matéria de RCDA existem em várias ordens jurídicas, não se podendo afirmar que elas expressam um "direito injusto" e que, apenas, o modelo brasileiro seja apto a dar tratamento adequado à questão. Do ponto de vista do direito positivo de várias nações, a responsabilidade por risco integral em tema de meio ambiente, não tem relevância.

A União Europeia, mediante a expedição da Diretiva 2004/35/CE[16] do Parlamento Europeu e do Conselho de 21 de abril de 2004, estabeleceu normas relativas à responsabilidade ambiental em termos de prevenção e reparação de danos. O regime geral da norma é o de responsabilidade civil ambiental subjetiva, sendo a responsabilidade civil ambiental objetiva aplicável às atividades definidas na própria norma, conforme o disposto no artigo 3º.

O artigo 4º da Diretiva 2004/35 CE determina as hipóteses de exclusão de responsabilidade para os danos causados ou por ameaças iminentes derivados de (a) atos de conflito armado, hostilidades, guerra civil ou insurreição; (b) fenômenos naturais de caráter excepcional, inevitável e irresistível; estão excluídas as responsabilidades que estejam previstas nas convenções internacionais enumeradas no Anexo IV da Diretiva.

Nos Estados Unidos, a Lei CERCLA (Comprehensive Environmental Response, Compensation and Liability Act of 1980)[17] estabelece um regime complexo de responsabilidade e de sua exclusão, em seu § 9.607, após definir na alínea (a) a relação dos responsáveis pelas ações de descontaminação, na alínea (b) (defesas) exclui as responsabilidades em caso de "(1) act of God, (2) ato de guerra (3) ação ou omissão de uma terceira parte que não seja empregado ou agente do defendente, ou aquele cuja ação ou omissão ocorra no âmbito de uma relação contratual, direta ou indiretamente existente, com o réu (exceto onde o único acordo contratual surge de uma tarifa publicada e aceita para o transporte por uma transportadora comum por via férrea), se o réu estabelece por uma preponderância das evidências de que (a) exerceu o devido cuidado em relação à substância perigosa em causa, tendo em consideração as características de tal substância perigosa, à luz de todos os fatos e circunstâncias relevantes, e (b) ele tomou precauções contra atos ou omissões previsíveis de qualquer terceiro e as

---

16. Disponível em: https://eur-lex.europa.eu/legal-content/PT/TXT/PDF/?uri=CELEX:32004L0035. Acesso em: 06 dez. 2023.

17. Disponível em: https://www.govinfo.gov/content/pkg/USCODE-2011-title42/html/USCODE--2011-title42-chap103.htm. Acesso em: 06 dez. 2023.

consequências que poderiam previsivelmente resultar de tais ações ou omissões, ou (4) qualquer combinação dos parágrafos acima".

Na Argentina, também se admite a exclusão da responsabilidade ambiental conforme estabelecido pelo artigo 29 da Política Ambiental Nacional, de acordo com a tradição jurídica ocidental. No Chile, a responsabilidade ambiental é subjetiva, muito embora se admita a presunção de responsabilidade nas hipóteses de infração às normas administrativas de proteção *ao meio ambiente*. No Peru,[18] vigora regime que reconhece uma bipartição da responsabilidade ambiental em (a) objetiva e (b) subjetiva, conforme a natureza do dano e que, evidentemente, reconhece excludentes de responsabilidade dentre as quais merece destaque o caso de que o dano ambiental tenha sido causado por uma ação ou omissão "não contrária à normativa aplicável".

A existência, ou não, das excludentes de responsabilidade em matéria ambiental é fruto de uma opção política que, à toda evidência, só pode ser tomada pelo legislador.

---

18. Lei Geral do Ambiente Ley 28611. Disponível em: https://www.minam.gob.pe/wp-content/uploads/2017/04/Ley-N°-28611.pdf. Acesso em: 28 dez. 2023.

Capítulo 3
POLUIDOR PAGADOR E RESPONSABILIDADE

O princípio do poluidor pagador, como se sabe, é um princípio de natureza econômica que foi concebido com vistas a impedir a competição desigual entre agentes econômicos, buscando pôr fim aos "subsídios ambientais". Pelo PPP o que se busca é uma internalização dos custos ambientais de forma a suprir uma "falha de mercado". Contudo, como se verá, o PPP foi gradativamente se aproximando do princípio da responsabilidade e, atualmente, há quase que uma simbiose entre ambos.

3.1 O PRINCÍPIO DO POLUIDOR PAGADOR

O princípio do poluidor pagador tem sido muito invocado nas decisões judiciais brasileiras relativas à aplicação da responsabilidade civil ambiental, o que lhe atribui especial destaque em nosso ordenamento jurídico e com que ele, na prática, seja considerado um dos fundamentos da responsabilidade civil por danos ao meio ambiente. O PPP tem sido utilizado de forma generosa, muitas vezes descontextualizada e fora de seu objetivo primordial que é a internalização dos custos ambientais, como forma de equalizar a competição econômica no mercado. O princípio tem natureza eminentemente econômica e de certa forma, demonstra as dificuldades que o mero formalismo jurídico tem para tratar das questões ambientais e de suas interrelações com a atividade econômica. Por outro lado, temos visto uma utilização acrítica dele pelo Poder Judiciário que, em diversas ocasiões, demonstra não o ter compreendido em profundidade.

O PPP é fruto da Recomendação C(72)128, de 26 de maio de 1972 da OCDE[1] que, basicamente, indica que os países membros da organização, como regra geral, "não devem ajudar os poluidores a arcar com os custos do controle da poluição, seja através de subsídios, de impostos, vantagens ou de outras medidas". O apoio às medidas de controle da poluição, segundo a Recomendação, (a) deve ser se-

---

1. Disponível em: https://legalinstruments.oecd.org/en/instruments/OECD-LEGAL-0102. Acesso em: 22 dez. 2023.

letivo, limitando-se às áreas industriais, onde sem tal apoio ocorreriam "graves dificuldades"; o apoio (b) deve ser limitado a períodos de transição bem definidos, previamente estabelecidos e "adaptados aos problemas socioeconómicos específicos associados à implementação do programa ambiental de um país". Por fim, o apoio (c) ao combate à pioluição "não deve criar distorções significativas no comércio e investimento internacionais".

O PPP, conforme a definição da OCDE, é um princípio fundamental para a alocação dos custos de controle da poluição e das medidas de prevenção introduzidas pelas autoridades publicas. O princípio indica que o poluidor deve arcar com os custos das medidas de controle e prevenção da poluição, de forma a garantir que o ambiente se encontre em um "estado aceitável". "Em outras palavras: o custo destas medidas deve refletir-se no custo dos bens e serviços que causam poluição na produção e/ou no consumo." A ideia subjacente pe que, sem a internalização dos custos ambientais, estes são transferidos para a sociedade, servindo de subsídios indiretos e, portanto, distorcendo a atividade econômica.

A internalização dos custos pode se dar por duas formas principais: a (1) primeira delas pela regulamentação da atividade, com o estabelecimento de normas; a segunda possibilidade e (2) pela utilização dos chamados mecanismos de mercado. A formulação do PPP demonstra claramente a impossibilidade de se apartar o direito ambiental e os seus diversos institutos da atividade econômica. A incompreensão de que o direito ambiental – e a RCDA – desempenha um papel econômico relevante, em não poucas vezes, servem para estabelecer um direito com baixa efetividade.

A questão naturalmente é complexa, pois ainda permanece arraigada a compreensão de que os bens ambientais (ar, água, e.g.) são renováveis, livres e impropriáveis economicamente. Isso decorre da compreensão de que eles são abundantes e, portanto, não se lhes aplicando a noção econômica de escassez. Um bem para ter valor econômico, tem de ser escasso; em outras palavras, a sua procura tem de ser maior do que a oferta. A indicação de um bem como "res nullius" (coisa de ninguém) permite que a sua destruição seja tolerada e, até mesmo, incentivada pelo direito. Trata-se, desnecessário dizer, de uma visão distorcida, pois sem ar não há vida. Mais recentemente, há uma tendência à modificação de tal concepção, como é o caso da (a) Lei 9.433/1997 que define que a água é um bem público dotado de valor econômico, sendo um recurso natural limitado,[2] da (c) Lei 12.305/2010 e da (c) Lei 1.119/2021 que trata do pagamento por serviços ambientais.

---

2. Art. 1º.

CAPÍTULO 3 • POLUIDOR PAGADOR E RESPONSABILIDADE **39**

A caracterização de um bem como bem econômico, significa que ele pode ser comercializado e, portanto, ser precificado. Assim como os bens econômicos, os bens livres também têm aptidão para satisfazer necessidades humanas. Tais bens possuem valor de troca e valor de uso. Um bem livre como o ar atmosférico tem valor de troca (mercado) nulo, por outro lado, seu valor de uso é inestimável, pois não se pode viver sem ar. Ao possuir valor de troca igual a zero, o controle sobre a utilização (poluição) do ar é difícil. Maria Alexandra de Sousa Aragão (1997) aponta o paradoxo de que apesar dos recursos naturais terem uma utilidade vital para os agentes econômicos e serem cada vez mais escassos, a intensidade de exploração não leva em consideração tais fatores, fazendo com que eles caminhem passos largos para a extinção.

Os bens naturais livres, com valor de uso, são legitimamente destruídos, na medida em que possuem utilidade, pois a legitimidade da destruição da vida que rodeia o ser humano é incontestável, ou era (Rèmond-Gouilloud, 1989). O direito ambiental é pleno de exemplos nos quais a destruição é autorizada em nome do "bem comum" ou do "interesse público". As hipóteses de supressão de vegetação em áreas de preservação permanente são exemplos indiscutíveis. A discricionariedade administrativa para a concessão dos chamados decreto de utilidade pública é evidente e com baixo nível de controle social ou mesmo judiciário; haja vista que a matéria é de "mérito do ato administrativo". Há pouca margem para o controle de legalidade.

3.1.1 A poluição como externalidade

O reconhecimento de uma atividade como "de risco", indica que ela pode causar danos a terceiros. Tal reconhecimento, em princípio, não impede o seu exercício. Isto, somente acontecerá caso os riscos sejam considerados excessivos e, portanto, que ultrapassem os limites do socialmente "razoável". É importante considerar, entretanto, que há uma diferença muito grande entre a avaliação de riscos feita por especialistas e a avaliação popular. Os riscos associados com o uso da energia nuclear quando avaliados por técnicos, aparecem como dos mais baixos; em sentido oposto, quando submetidos à avaliação popular, ocupam os lugares mais elevados em uma escala de periculosidade e preocupações (Breyer, 1994). A implantação de atividades de risco, em tal contexto, implica na realização de múltiplas análises que, a partir de uma consideração econômica, inclui outros elementos na matriz decisória. Os riscos, como visto no capítulo 2, são variados e, nem sempre são de pleno conhecimento de todos. Lembre-se que é inútil tentar prever todos os riscos, pois o número deles é infinito e, em sua maioria, são desconhecidos (Breyer, 1994). Os riscos dependem, também, da atenção que se dá a certos problemas ou situações. Prevalecendo uns em relação a outros, sem que se possa estabelecer uma razão lógica para tal. Os riscos também são julgados politicamente, pois uma determinada concepção de risco que tenha se tornado relevante junto à opinião pública é mais importante do que uma análise "técnica" de tal risco.

Logo, a tomada de decisão relativamente ao desenvolvimento de atividades de risco deve considerar a análise econômica de custo e benefício, assim como a percepção social sobre a situação. No caso da poluição industrial causada pela produção de um determinado produto deve se considerar que tal produção pode ser benéfica para o comprador e o vendedor, mas causar danos a terceiras partes. Os efeitos negativos para terceiros podem ser (1) local, (2) regional ou (3) interacional. As externalidades podem afetar os (a) seres humanos devido a problemas de saúde, as (b) atividades econômicas de terceiros, os (c) animais, a (d) flora e a (e) atmosfera, dentre outros bens e valores. Todos os bens e valores mencionados têm custos associados que devem ser conhecidos, de forma que sejam incorporados à análise de risco da atividade. O desconhecimento dos custos das externalidades, de certa forma, permite que elas persistam (Faure e Pertain, 2019), pois a tendência é não as levar em consideração quando da análise econômica e de risco. O conhecimento adequado dos custos econômicos – incluindo o custo imposto a terceiros – é essencial para que se saiba se, efetivamente, uma atividade é sustentável, isto é, em análise aprofundada de custo/benefício ela se justifique.

Um dos *objetivos econômicos* do direito ambiental é que as suas normas pressionem o potencial poluidor (a atividade econômica) para que ele inclua, em suas decisões de investimento, os custos dos danos causados a terceiros e ao ambiente por suas atividades, internalizando-os. A consideração dos custos das externalidades no planejamento, segundo Faure e Pertain oferece três opções ao potencial poluidor: (1) continuar agindo como sempre e pagar os custos totais dos danos causados pela atividade; (2) assumir os custos das tecnologias de redução da poluição e utilizá-las e (3) reduzir a produção, com vistas à redução dos níveis da poluição.

A definição clara dos padrões de emissão e dos parâmetros regulados permite que o potencial poluidor possa escolher racionalmente a medida a ser adotada. Contudo, a própria regulação de padrões e parâmetros é bastante complexa, pois a imposição de limites gera custos que necessitam de avaliação criteriosa. Os mecanismos de comando e controle são "horrivelmente caros e ineficientes" se comparados com modelos mais flexíveis baseados em incentivos econômicos (Greve, 1992, p. 1).

As externalidades são os efeitos não desejados de uma atividade desejada e socialmente útil. Uma indústria siderúrgica, por exemplo, calcula os seus custos considerando os tributos, o pagamento de seus empregados, as despesas com energia elétrica e outros de mesma natureza. A poluição do ar produzida e a poluição das águas não entram em tal cálculo, salvo quanto aos custos dos equipamentos de controle da poluição. As possíveis doenças pulmonares resultantes da poluição atmosférica, as doenças de veiculação hídrica decorrentes da poluição das águas onde são lançados os efluentes industriais, são inexistentes na planilha de custos da empresa. Os custos com a saúde da população atingida negativamente pela poluição atmosférica e dos recursos hídricos são transferidos para (1) o sistema de saúde pública ou para (2) as vítimas. Estes resultados são socialmente negativos e conhecidos como externalidades negativas (Salzman e Thompson Jr., 2019). A internalização das externalidades ou dos custos é a fixação de um preço suficientemente grande para obrigar à empresa a reduzir a poluição que produz e, portanto, diminuindo ou eliminando os efeitos negativos (e custos) transferidos para terceiros.

Veja-se, entretanto, que a mesma empresa poluidora, do exemplo, pode ser proprietária de áreas, ao redor de sua planta industrial, que se encontrem perfeitamente conservadas e, em tal condição prestando serviços ambientais para a coletividade, na medida em que contribuem para a proteção da fauna e flora, bem como para a melhoria da qualidade do ar. A empresa, portanto, produz externalidades (1) negativas e (2) positivas.

A definição de preços em tais circunstâncias não é simples e gera muitos problemas, pois há muitas críticas, inclusive de natureza moral para a precificação dos bens ambientais. Entretanto, a não precificação, certamente, é um estímulo à depleção dos recursos ambientais. Christopher S. Stone afirma que a análise econômica oferece o melhor instrumento para manter os compromissos com a proteção ambiental e que é uma pena que ela seja tão comumente "menosprezada" pelos ambientalistas que, com muita frequência, acreditam que os pensamentos econômico e ambientalista são dissociados (1993). Para o autor, a "mútua desconfiança entre ambientalistas e economistas é desafortunada" (Stone, 1993, p. 151). Logicamente, o olhar econômico para as questões ambientais é fundamental e não deve ser relegado a segundo plano; contudo, não se trata de uma panaceia universal que resolverá todos os problemas ambientais. Porém, não podemos nos enganar, a mera definição dos orçamentos dos órgãos de proteção ambiental é capaz de nos informar o valor que a sociedade brasileira e, sobretudo, os governos atribuem à proteção do meio ambiente em nosso País.

3.2 PRINCÍPIO POLUIDOR PAGADOR E RESPONSABILIDADE

3.2.1 O princípio do poluidor pagador no direito brasileiro

O PPP é essencialmente econômico, tendo se incorporado ao mundo do direito por meio de diversos diplomas legais, nacionais e internacionais. A responsabilidade, por sua vez, é um dos mais antigos institutos do direito, conforme tem sido amplamente examinado neste trabalho. Há uma forte tendência à assimilação do PPP pela responsabilidade civil, conforme tem sido constatado na doutrina, na jurisprudência e mesmo normativamente. O PPP se acha presente no Princípio 16 da Declaração do Rio,

> As autoridades nacionais deveriam procurar fomentar a internalização dos custos ambientais e o uso de instrumentos econômicos, tendo em conta o critério de que o causador da contaminação deveria, por princípio, arcar com os seus respectivos custos de reabilitação, considerando o interesse público, e sem distorcer o comércio e as inversões internacionais.[3]

Anteriormente, o direito nacional já havia incorporado o PPP na PNMA, conforme se pode constatar do artigo 4º, VII que estabelece como um dos objetivos da Política Nacional de Meio Ambiente "à imposição (...)ao usuário, de contribuição pela utilização de recursos ambientais com fins econômicos." A norma permaneceu letra morta por vários anos. Somente em 1997, com a edição da Lei nª 9.433 houve a efetivação do princípio com o reconhecimento do valor econômico da água (art. 1º, II) e, especialmente, pela cobrança pela utilização dos recursos hídricos (art. 5º, IV). A Lei 9.433/1997 expressa um subprincípio que é o "usuário-pagador". Convém, por oportuno, chamar a atenção para o fato de que ainda estamos longe de uma implantação efetiva da cobrança pela utilização dos recursos hídricos, conforme se pode ver abaixo:

Até 2018, em rios de domínio da União, a cobrança foi implementada:

→ na Bacia do Rio Paraíba do Sul (desde mar/03);
→ nas Bacias dos Rios Piracicaba, Capivari e Jundiaí (desde jan/06);
→ na Bacia do Rio São Francisco (desde jul/10);
→ na Bacia do Rio Doce (desde nov/11);
→ na Bacia do Rio Paranaíba (desde mar/17); e
→ na Bacia do Rio Verde Grande (desde abr/17).

Fonte: ANA (2019)

---

3. Disponível em: https://cetesb.sp.gov.br/proclima/wp-content/uploads/sites/36/2013/12/declaracao_rio_ma.pdf. Acesso em: 29 dez. 2023.

A PNRS instituída pela Lei 12.305/2010 também incorporou o PPP, conforme o artigo 6º, II. O princípio do protetor-recebedor que está insculpido na PNRS, tem por objetivo remunerar quem protege o ambiente, sendo o inverso do PPP (Nusdeo, 2012).

3.2.2 A aproximação do PPP com a responsabilidade civil

A doutrina jurídica brasileira vem, cada vez mais, aproximando o PPP do princípio da responsabilidade, entendendo que ele "consiste, portanto, na responsabilização jurídica e econômica pelos danos causados ao ambiente, com o nítido propósito de desonerar a sociedade" (Sarlet, Fensterseifer, 2014, p 87). Ingo W. Sarlet e Tiago Fensterseifer acrescentam que na jurisprudência o PPP tem sido "um grande aliado no sentido de reforçar o regime de responsabilidade civil em matéria ambiental". A partir de tal observação adunam que o PPP tem sido importante para justificar a adoção da teoria do risco integral em matéria de responsabilidade civil ambiental. Entende, boa parte da doutrina, que o PPP exerce funções de natureza (1) preventiva e (2) repressiva (Vianna, 2006), chegando-se a atribuir à responsabilidade civil a função de "internalização das externalidades ambientais negativas" (Steigleder, 2004, p. 192).

A responsabilidade civil é, essencialmente, retrospectiva, pois tem por objetivo a compensação do mal produzido. As suas funções preventivas são, naturalmente, secundárias. O dever de reparar os danos causados não se confunde com a incorporação (internalização) das externalidades negativas. Ao contrário, ele é o resultado da não internalização dos custos ambientais em boa parte dos casos.

Herman Benjamim (1993) foi dos primeiros na doutrina nacional a reconhecer o caráter prospectivo do PPP, o que o afasta, definitivamente, da ideia de responsabilidade. Entende o Ministro do STJ que, em sociedade como a brasileira, o PPP só pode ser entendido como "internalização total dos custos da poluição" (1993, p. 231). A visão de Benjamim tende a fazer com que o PPP seja absorvido pelo princípio da responsabilidade, ao afirmar que a C.F, "de certa maneira" trata do princípio, "mas sem a amplitude que o tema merece e atualmente possui" (1993, p. 232). Concluindo o seu raciocínio H. Benjamim lamenta que a C.F. "[l] imita-se a impor ao poluidor o dever de reparar os danos causados, apenas uma parte daquilo que hoje se entende pelo princípio" (1993, p. 232).

Paulo Affonso Leme Machado e Maria Alexandra de Sousa Aragão (2022) reconhecem que tem sido comum identificar o PPP com o princípio da responsabilidade, "não sendo uma interpretação errada" (2022, p. 77), entendem os autores que, "para além do caráter sancionatório do PPP, ele tem, essencialmente, uma vocação antecipatória e de evicção do dano" (2022, p. 77).

Como se vê, há uma tendência acentuada à integração do PPP à responsabilidade ambiental.

3.2.2.1   O Poder Judiciário e o Princípio do Poluidor Pagador

O Poder Judiciário brasileiro tem aplicado amplamente o PPP, em muitas vezes, de forma bastante própria e o utilizando de forma extremamente generosa. Várias questões que poderiam ser resolvidas única e exclusivamente com base no direito vigente e sem o recurso aos princípios que, como se sabe, só devem ser invocados na ausência de uma regra jurídica clara sobre a matéria em debate, haja vista que os princípios devem ser concretizados por meio de regras jurídicas. Os princípios, quando em conflito, são ponderados. As regras não são ponderáveis, ou são válidas na ordem jurídica ou não são. Ou são obedecidas ou não. De acordo com Ronald Dworkin (2002) a diferença entre os princípios jurídicos e as regras jurídicas é de natureza lógica. "As regras são aplicáveis à maneira de tudo ou nada" (2002, p. 39). Os princípios não funcionam dessa forma, "pois mesmo aqueles que mais se assemelham as regras, não apresentam consequências jurídicas que se seguem automaticamente quando as condições são dadas" (Dworkin, 2002, p. 40).

O STF tem dado interpretação mais adequada ao PPP do que o STJ, conforme demonstra o RE 654.833.[4] Entretanto, não se pode deixar de lembrar que, nos autos do RE 654.833, a matéria discutida dizia respeito ao corte ilegal de madeira em terra indígena e não há qualquer questão relacionada à atividade industrial e à internalização de custos. O Recurso Extraordinário ora mencionado deu margem à fixação de Tese no Tema 999 (repercussão geral).[5] Repare que a menção ao PPP surge nos autos sem uma contextualização e de forma surpreendente, pois como já foi apontado, a questão em debate podia ser resolvida com a aplicação das regras usuais de reparação do dano e de responsabilidade. De qualquer sorte, o Relator Alexandre de Moraes afirmou que:

> O direito ambiental é norteado por diversos princípios, dentre eles o princípio do poluidor-pagador, que fundamenta a reparação pelos danos ambientais. Por este princípio, entende-se que ao empreendedor deve ser imputado o custo social externo de sua produção. Em outras palavras, durante o processo de produção, não é proporcional que o empreendedor apenas aufira os lucros, enquanto a sociedade suporta os prejuízos decorrentes de sua atividade (externalidades negativas).

---

4. STF. RE 654833 / AC. Relato: Ministro Alexandre de Moraes. Publicação: 24.06.2020. Tribunal Pleno.
5. Tema: 999 – Imprescritibilidade de pretensão de reparação civil de dano ambiental.

Um princípio, em especial no campo do direito ambiental, onde eles são abundantes, tem a função de orientar uma política pública de proteção ao meio ambiente. O PPP, em não poucas oportunidades, é citado em ementas, sem que se faça qualquer menção à necessidade concreta de sua utilização,[6] até mesmo questões de dano moral tem sido julgadas com base no PPP.[7]

> A *indenização por dano moral* deve ser arbitrada segundo o prudente arbítrio do julgador, sempre com moderação, observando-se as peculiaridades do caso concreto e os princípios da proporcionalidade e da razoabilidade, de modo que o quantum arbitrado se preste a atender ao caráter punitivo da medida e de recomposição dos prejuízos, sem importar, contudo, enriquecimento sem causa da vítima. Em conformidade com *o princípio do poluidor-pagador*, previsto no artigo 14, parágrafo 1º, da lei federal 6.938/81, que dispõe sobre a Política Nacional do Meio Ambiente, seus fins e mecanismos de formulação e aplicação, aquele que degrada o meio ambiente é obrigado, independentemente da existência de culpa, a indenizar ou reparar os danos ambientais.[8]

Ora, o § 1º do artigo 14 da Lei 6.938/1981 estabelece uma regra comum de responsabilidade civil objetiva, não se cogitando do PPP, como faz crer a decisão acima mencionada.

O princípio, como indicam alguns julgados, passou a condição de fórmula geral capaz de acomodar soluções de natureza punitiva, ainda que os danos ambientais tenham sido recuperados; o PPP perde inteiramente o seu caráter de internalização de custos para assumir o de medida punitiva,

> Se o meio ambiente lesado for imediata e completamente restaurado ao seu estado original (*reductio ad pristinum statum*), não há falar, como regra, em indenização. Contudo, a possibilidade técnica e futura de restabelecimento in natura (= juízo prospectivo) nem sempre se mostra suficiente para, no terreno da responsabilidade civil, reverter ou recompor por inteiro as várias dimensões da degradação ambiental causada, mormente quanto ao chamado dano ecológico puro, caracterizado por afligir a Natureza em si mesma, como bem inapropriado ou inapropriável. Por isso, a simples restauração futura – mais ainda se a perder de vista – do recurso ou elemento natural prejudicado não exaure os deveres associados aos princípios do poluidor-pagador e da reparação *in integrum*.[9]

O Judiciário brasileiro tem se utilizado amplamente do PPP, atribuindo-lhe caráter especialmente repressivo, notadamente na jurisprudência predominante do STJ.

---

6. STJ. REsp: 1612887 PR 2016/0177877-2, Relatora: Ministra Nancy Andrighi. 3ª Turma, DJe 07.05.2020.
7. TJ-MG. AC: 10000191279223001 MG, Relator: Newton Teixeira Carvalho, Publicação: 21.02.2020.
8. TJ-MG. AC: 10000191279223001 MG, Relator: Newton Teixeira Carvalho, Publicação: 21.02.2020.
9. STJ. REsp: 1145083 MG 2009/0115262-9, Relator: Ministro Herman Benjamin, 2ª Turma, DJe 04.09.2012.

Capítulo 4
O RESPONSÁVEL PELO DANO AMBIENTAL

O responsável pela reparação/recuperação do dano ambiental é o agente que, por alguma circunstância, exerça controle sobre a situação que lhe tenha dado causa. O direito brasileiro qualifica tal agente como (1) poluidor ou (2) degradador. Os termos são equivalentes, motivo pelo qual o primeiro será utilizado como padrão neste capítulo. O vocábulo poluidor ingressou no direito brasileiro por intermédio da PNMA, onde consta no artigo 3º, IV. As primeiras obras jurídicas voltadas para o "direito ecológico", não enfrentaram o tema do poluidor (Moreira Neto, 1977; Magalhães, 1982). A matéria é espinhosa, pois a PNMA, não dispõe inteiramente sobre responsabilidade civil ambiental, limitando-se a estabelecer um conceito geral de poluidor e a obrigação de reparar o dano, com base na responsabilidade objetiva. A PNMA é enigmática ao definir o poluidor indireto; servindo como uma "orientação tosca" (Larenz, 1980) para a sua aplicação e, portanto, gerando conflitos interpretativos relevantes e criadores de profunda insegurança jurídica, cujas repercussões para a proteção ambiental permanecem insondáveis.

O poluidor foi definido pelo artigo 3º, IV da PNMA como "a pessoa física ou jurídica, de direito público ou privado, responsável, direta ou indiretamente, por atividade causadora de degradação ambiental", sendo degradação ambiental a alteração adversa das características do meio ambiente. A poluição é, nos termos da lei, a degradação da qualidade ambiental resultante de atividades que direta ou indiretamente: a) prejudiquem a saúde, a segurança e o bem-estar da população; b) criem condições adversas às atividades sociais e econômicas; c) afetem desfavoravelmente a biota; d) afetem as condições estéticas ou sanitárias do meio ambiente; e) lancem matérias ou energia em desacordo com os padrões ambientais estabelecidos. A poluição será examinada com maiores detalhes no capítulo 6; entretanto, o texto legal nos indica que ela se caracteriza – em geral – pela ultrapassagem de limites estabelecidos em lei ou regulamento. A poluição é uma violação da ordem pública do meio ambiente que é estabelecida por normas de polícia administrativa.

A responsabilidade civil objetiva em matéria ambiental deriva de um fato, ou conjunto de fatos, (poluição, degradação) cuja origem comportamental é irrelevante juridicamente. Um derramamento de óleo no mar ou a explosão de uma mina – em tese – por si mesmos são capazes de deflagar o sistema de responsabilidade civil, desde que se possa relacioná-lo a um determinado (ou determinável) sujeito de direito. Não é difícil perceber que a responsabilidade civil ambiental é normativa, sem qualquer vínculo com condutas psicológicas; o que seria, de resto, incompreensível em se tratando de pessoas jurídicas. A norma não diz, mas a responsabilidade civil por danos ambientais é, essencialmente, voltada para atividades industriais e, portanto, para pessoas jurídicas. Isto não exclui que pessoas naturais ou mesmo entes despersonalizados possam responder por danos ambientais,[1] com base na responsabilidade civil objetiva.

4.1 OS POLUIDORES NA POLÍTICA NACIONAL DO MEIO AMBIENTE

A PNMA define duas categorias de poluidor: o (1) *direto* e o (2) *indireto*. Ambos são responsáveis pela reparação dos danos causados ao meio ambiente, desde que provada a relação de causa e efeito entre um *fato ocorrido em instalações sob controle* do agente e os danos ambientais. Portanto, para a imposição da obrigação de reparar um dano ambiental são necessários os seguintes requisitos: (a) um fato capaz de provocar dano ambiental (b) o dano ambiental e que se estabeleça (c) uma relação de causa e efeito [nexo de causalidade] que aponte um

---

1. Apelações cíveis. Ação civil pública. Atuação em desconformidade com licença operacional e emissão irregular de efluentes por empresa do ramo de beneficiamento de arroz. Sentença de parcial procedência que determinou aos requeridos a remoção de cinzas de cascas de arroz depositadas irregularmente nas instalações da empresa (massa falida). Recurso da massa falida da empresa demandada e de seu sócio-administrador. Análise conjunta. Preliminares. Ilegitimidade passiva do sócio requerido. Argumento de que o ilícito teria sido praticado após a cessão de suas cotas. Tese que se confunde com o mérito e que deve ser rejeitada, tendo em vista a potencial responsabilidade civil objetiva ambiental, à luz da teoria da asserção. Arguição de inexequibilidade da condenação que traveste preliminar de ilegitimidade passiva da massa falida de Indústria e Comércio de Cereais Carol Ltda. Tese que deve ser rechaçada. Decretação de quebra que não implica em despersonalização imediata da sociedade empresarial, mas na substituição da sua administração. Capacidade judiciária do ente despersonalizado. Possibilidade da universalidade responder por ilícitos de sociedade falida. Possibilidade da conversão da obrigação em perdas e danos e prerrogativa de credores que, ademais, devem ser apuradas em cumprimento de sentença. Mérito. Documentos que comprovam a atuação em desconformidade com licença operacional e emissão irregular de efluentes pela empresa demandada, à época em que o sócio demandado era seu administrador. Laudo pericial que atesta o risco de desequilíbrio ao meio ambiente em razão do depósito irregular de cinzas de casca de arroz nas instalações da empresa requerida, justificando a determinação de remoção, à luz do princípio da precaução. Sentença mantida. Honorários recursais incabíveis. Apelos desprovidos.
   TJ-SC. APL: 00002044420128240078, Relator: André Luiz Dacol, Data de Julgamento: 17.11.2022, 4ª Câmara de Direito Público.

sujeito responsável pelo controle e garantia da segurança da atividade perigosa. Esta é a situação típica mais simples e de fácil identificação do responsável pela reparação do dano. Se uma indústria siderúrgica está lançando efluentes em um rio sem a observância dos padrões e parâmetros permitidos, causando poluição, é tranquila a identificação do poluidor.

Entretanto, a identificação do poluidor em concreto, pode ser uma tarefa complexa, pois há muitos casos de poluição difusa, para a qual contribuíram vários agentes, mesmo em se tratando de poluidor direto. A questão se torna mais simples quando se trata de poluição proveniente de uma única fonte ostensiva. Já no caso do poluidor indireto, a matéria é tortuosa e se encontra muito distante de um consenso doutrinário, tendo em vista que as normas aplicáveis são muito ligeiras e não definem claramente a categoria jurídica poluidor indireto. Entretanto, parece claro que a responsabilidade do poluidor indireto é uma modalidade de responsabilidade pelo fato de terceiro; devendo ser pesquisada a partir das regras gerais que regem tal modelo de responsabilidade que, inclusive, são de larga aplicação no direito ambiental brasileiro.

4.1.1 Poluidor direto

O poluidor é o responsável, direta ou indiretamente, pela poluição de um determinado ambiente. Ele, portanto, é o agente causador da poluição. Segundo Paulo Affonso Leme Machado (2023, p. 376), "poluição direta é a que se vê ou se encontra ou se verifica com clareza ou com segurança". Poluidor direto é, portanto, o agente causador de poluição direta. A poluição indireta é aquela cuja existência não "é fácil de ser demonstrada" (Machado, 2023, p. 376). Em linhas gerais, o poluidor indireto é o agente que "ajuda na prática da poluição". Esta condição, no entanto, exige a existência de vínculos fáticos e/ou jurídicos robustos entre o poluidor direto e o indireto, de forma que possam constituir uma relação causa-efeito.

O poluidor direto é *o operador* de uma atividade e/ou empreendimento que pode ser definido como "qualquer pessoa singular ou coletiva, pública ou privada, que execute ou controle a atividade" (...) ou [que tenha] (...) "um *poder económico decisivo sobre o funcionamento técnico dessa atividade*"[2] (ênfase acrescida). Portanto, o poluidor direto é aquele que tem um vínculo imediato com a atividade que tenha dado causa à poluição.

---

2. Diretiva 2004/35/CE do Parlamento Europeu e do Conselho de 21 de Abril de 2004. Disponível em: https://eur-lex.europa.eu/legal-content/PT/TXT/PDF/?uri=CELEX:32004L0035. Aceso em: 20 nov. 2023.

Evidentemente que a condição de poluidor não se presume, devendo ser provada. As complexidades das questões ambientais também se refletem nos meios de prova a serem utilizados, pois em não poucas oportunidades, o modelo tradicional de prova se mostra inapto para estabelecer o nexo causal entre o fato potencialmente lesivo e o dano efetivo e concreto. Uma das soluções que têm sido adotadas para superar tais dificuldades é o estabelecimento de presunções. Todavia, a presunção de responsabilidade é matéria reservada a estrita legalidade como ocorre no caso da lei alemã de responsabilidade por danos ambientais.[3] O direito nacional não possui tal modalidade de presunção legal, em matéria ambiental.

4.1. 2 Poluidor indireto e responsabilidade indireta

O definir da responsabilidade indireta é sempre uma tarefa difícil, tendo em vista o elevado grau de subjetividade envolvido. Até que ponto um terceiro pode ser responsabilizado pela ação ou omissão de outrem? Até que ponto a explosão de uma caldeira em uma fábrica é da responsabilidade de um acionista minoritário da empresa? É "direito justo" que o terceiro responda por um fato do qual não tinha conhecimento? Estas são algumas das perguntas que decorrem da responsabilidade civil indireta em matéria ambiental.

A caracterização e identificação do poluidor indireto é, certamente, um dos temas mais complexos da responsabilidade civil em matéria ambiental, conforme se demonstrará em seguida. O tema está envolto em grande dose de voluntarismo que se caracteriza pela adoção de conceitos que não encontram base segura no sistema normativo vigente; muitas vezes expressando desejos individuais sobre *como o direito deveria ser* e *não como ele*, efetivamente, *é*.

A título de introdução ao tema, vale recordar que a regra geral da responsabilidade civil – inclusive ambiental – é que cada um responde por suas próprias ações e/ou omissões, ou no caso da responsabilidade por risco, pelos fatos danosos originados em instalações sob o seu controle. Esta á a definição clássica da responsabilidade direta, ou por fato próprio. O *ser responsável* é suportar as consequências de um ato (Yárgües, 1995). Admite-se, entretanto, de forma excepcional, a responsabilidade por fato de terceiro, ou responsabilidade indireta. Sérgio Cavalieri Filho adverte que a responsabilidade indireta, no entanto, "não ocorre arbitrária e indiscriminadamente" (2023, p. 263). Acrescenta o Autor que para que a responsabilidade alcance "alguém que não concorreu materialmente [para o dano] é preciso que esse alguém esteja ligado por algum vínculo jurídico ao autor do ilícito, de sorte a resultar-lhe, daí, um dever de guarda, cuidado ou

---

3. Disponível em: https://www.gesetze-im-internet.de/englisch_umwelthg/englisch_umwelthg.html. Acesso em: 20 nov. 2023.

vigilância (2023, p. 263). A ligação entre as duas pessoas deve ser legal (Diniz, 2011, p. 549). A ligação, naturalmente, deve ser efetiva e com força suficiente para que o terceiro tenha condições reais de impedir a ocorrência do evento danoso, a partir do conhecimento da situação *in concreto*.

O CCB, em seu artigo 932 estabelece uma relação normativa de responsáveis por fatos de terceiros; portanto uma relação fechada de responsáveis indiretos por danos causados por outrem. Tais pessoas, na forma do artigo 933 do CCB, "ainda que não haja culpa de sua parte", respondem pelos atos praticados pelos terceiros referidos no artigo 932. Como se vê, a responsabilidade por ato (fato) de terceiro está bem definida na lei civil que, inclusive, deixa clara a sua natureza objetiva. A responsabilidade, no caso, é normativa, sendo o risco um elemento meramente acidental.

O artigo 931 do CCB determina que, ressalvados os casos previstos em lei especial, os empresários individuais e as empresas "respondem independentemente de culpa" pelos danos causados pelos produtos postos em circulação. O artigo não diz respeito às relações de consumo, haja vista que há norma própria para disciplina-las [CDC]. Trata-se de responsabilidade objetiva do fornecedor de um produto a qualquer um que tenha sofrido danos causados por tal produto (Carvalho et al, 2013, p, 408). A doutrina entende que, na hipótese, a responsabilidade surge do chamado *risco do desenvolvimento* que é inerente aos novos produtos que, muitas vezes são lançados no mercado sem que se saiba exatamente quais são as suas consequências negativas.

Ao que parece, o CCB reconheceu que a imposição de responsabilidade objetiva a terceiros é matéria reservada à lei que dela deverá tratar de forma clara e explícita, sob pena de gerar instabilidade nas relações jurídicas. As condições específicas do direito ambiental fazem com que ele tenha um grau de instabilidade superior ao dos demais setores da ordem jurídica, em função de mudanças tecnológicas e incertezas científicas; por isso, as responsabilidades pelo fato de terceiros devem ser bem definidas, sob pena de se transformarem em pura arbitrariedade.

4.2 O POLUIDOR INDIRETO

O artigo 3º, IV da PNMA define poluidor como "a pessoa física ou jurídica, de direito público ou privado, *responsável*, direta ou *indiretamente, por atividade causadora de degradação ambiental*". Não há qualquer outra qualificadora ou explicação. Conforme foi visto no item precedente, *a responsabilidade indireta é uma medida excepcional e que não se presume*. Logo, não há como se presumir quem é o poluidor indireto em determinado caso, há necessidade de que tal condição seja demonstrada e provada. Nos termos da *lei civil é simples identificar o responsável indireto por danos causados a terceiros, pois há uma relação legal fechada [numerus clusus].* No particular, merece realce o fato de que o CCB expressamente determina um regime normativo de responsabilidade objetiva. À falta de um quadro normativo mais claro, é aconselhável que se tome como modelo a construção do artigo 931 c/c o artigo 933 do CCB. Isto porque, neles a responsabilidade indireta decorre da lei. A prodigalização da concepção de responsabilidade civil objetiva do poluidor indireto é causa de preocupação. As repercussões societárias e financeiras são imensas sem que resultem em nenhuma, ou quase nenhuma, melhoria da proteção do meio ambiente. Entretanto, certamente, haverá repercussão em custos das atividades, inclusive em prejuízo do consumidor.

A literatura jurídico-ambiental tem se dividido em relação ao conceito normativo de poluidor indireto. Há, entretanto, convergência na compreensão de que ele é aberto e amplo. A abertura do conceito, logicamente, impõe dificuldades para a sua aplicação no mundo real, pois impede que os agentes econômicos saibam quais as responsabilidades que lhes serão imputadas em casos concretos. Há, inclusive, que se ter cuidado para que ele não se transforme em uma "terceirização" *de fato* da fiscalização ambiental para instituições de fomento, financeiras e outras.

A utilização de conceitos abertos nas hipóteses de responsabilidade civil é complexa, haja vista que em tal modalidade de responsabilidade, a apreciação das condutas subjetivas é nula. Assim, o centro da questão se transfere para o nexo de causalidade, isto é a ligação entre o agente causador do dano e o evento danoso em *si mesmo.* Na responsabilidade baseada no risco, o agente econômico – operador direto ou responsável pela atividade, sabe que os fatos lesivos ao meio ambiente, cujas origens possam ser vinculadas à sua atividade, serão lançados à sua conta. O modelo jurídico de responsabilidade é, portanto, um risco do negócio. Sustenta-se, em defesa da visão alargada e objetiva do conceito de poluidor indireto, a existência de um microssistema de responsabilidade civil ambiental, com regras e institutos próprios que, na opinião de seus adeptos, é formado pelo § 3º do artigo 225 da CF c/c o parágrafo 1º do artigo 14 da PNMA. Este seria, de fato, um hiper microssistema, pois formado por dois parágrafos. Sistema implica em um conjunto de normas organizadas de forma lógica e coerente. É excessivo atribuir-se a dois parágrafos a capacidade de, por si só, se constituírem em um microssistema.

A realidade do ordenamento jurídico brasileiro, no entanto, nos leva a conclusões muito diferentes. A evolução do direito ambiental brasileiro tem demonstrado que a responsabilidade ambiental, por fato de terceiro, é matéria de lei e não de construção meramente jurisprudencial e não há nenhuma justificativa estritamente jurídica capaz de legitimar a imposição de responsabilidade ambiental por fato de terceiro sem um quadro normativo muito bem definido.

4.2.1 A afirmação doutrinária do conceito de poluidor indireto

A construção de uma doutrina jurídica do poluidor indireto, parte da noção de que ele é "um conceito amplo [que] procura alcançar todos aqueles que se encontrarem na cadeia causal (direta e indireta) da poluição ambiental" (Sarlet e Fensterseifer, 2022, p. 501), assim é inescapável a ideia de conduta psicológica [agir ou deixar de agir], o que não se coaduna com a responsabilidade objetiva por risco que tem sido reconhecida como a principal teoria que informa a RCDA no Brasil. Os autores definem o *poluidor indireto* como "aquele que indiretamente contribuiu para a ocorrência do dano ambiental, seja com a sua ação, seja com a sua omissão" (p. 501). Antônio Herman Benjamim que foi um dos primeiros formuladores da concepção abrangente de poluidor indireto, afirma que o conceito é amplo, incluindo aqueles que

> *diretamente* causam o dano ambiental (o fazendeiro, o industrial, o madeireiro, o minerador, o especulador), bem como os que *indiretamente* com ele contribuem, facilitando ou viabilizando a ocorrência do prejuízo (o banco, o órgão público licenciador, o engenheiro, o arquiteto, o incorporador, o corretor, o transportador, para citar alguns personagens). (Benjamin, 1998).

Segundo as teses que afirmam a responsabilidade objetiva do poluidor indireto, o regime de responsabilidade civil ambiental é "um microssistema dentro do sistema geral de responsabilidade civil com seus próprios princípios e suas próprias regras" (Mirra, 2021, p. 371). A aplicação do microssistema de responsabilidade civil ambiental, portanto, prefere as regras gerais de responsabilidade civil quando o caso concreto for relativo à proteção do meio ambiente; isto em razão do princípio da especialização da aplicação do direito. Entretanto, a pobreza franciscana das disposições legais sobre responsabilidade civil ambiental, nos encaminha de volta ao regime geral.

O *regime especial* aplicável à responsabilidade civil ambiental, segundo Mirra, está alicerçado nos seguintes pontos: (a) admissão da reparabilidade do dano causado à qualidade ambiental considerada em si mesma, reconhecida como bem jurídico merecedor de tutela, e do dano moral ambiental; (b) consagração da responsabilidade objetiva do degradador do ambiente, decorrente do simples risco ou do simples fato da atividade degradadora, independentemente da culpa do agente; (c) nexo causal específico e ampliativo do espectro de sujeitos responsáveis, a partir da noção de poluidor adotada pela Lei 6.938/1981; (d) a aplicação ao dano ambiental do princípio da reparação integral do dano, sem qualquer exceção ou limite; (e) a ampliação dos efeitos da responsabilidade civil para incluir a reparação propriamente dita do dano ambiental, assim como a supressão do fato que deu causa à degradação da atividade para a cessação definitiva da atividade ou omissão lesiva que se encontra na origem do dano (denominada correção na fonte); e, por fim (f) a imprescritibilidade da pretensão de reparação do dano ambiental e à supressão do fato danoso ao meio ambiente (Mirra, 2021, p. 371-372). Não e difícil constar que se trata de um regime sem paralelo conhecido em outros países.

Em relação à responsabilidade por fato de terceiro, Álvaro Mirra, afirma que "[i]dêntico raciocínio vale, também, para o fato de terceiro, que tampouco exclui a responsabilidade civil do degradador do meio ambiente" (Mirra, 2021, p. 377).

4.2.1.1 Visão crítica do conceito

A doutrina especializada tem feito um enorme esforço para definir o conceito de poluidor indireto, tendo em vista a importância crescente do tema nos litígios ambientais. Alexandre Berzosa Saliba, após tecer comentários sobre a crise ecológica pela qual passa o planeta Terra, afirma que o cenário dá margem ao surgimento da responsabilização do terceiro, "de alguém que agindo isoladamente não seria capaz de criar ou proporcionar condições para a eclosão dos danos" ambientais causados pela ação humana, "mas que aliada ao comportamento comissivo ou omissivo do poluidor direto acaba se envolvendo no liame causal" (Saliba, 2022, p. 81). Saliba ressalta que a amplitude do conceito normativo tem acarretado a "falta de segurança jurídica e previsibilidade" (Saliba, 2022, p, 82). As claras dificuldades conceituais e normativas fizeram com que fosse "apenas uma questão de tempo até que alguns conceitos doutrinários colidissem com os casos práticos". De fato, assiste razão ao autor, pois para enquadrar o poluidor indireto no regime de responsabilidade civil objetiva, há que se construir um ordenamento jurídico paralelo ao realmente existente.

No mesmo sentido é a crítica conceitual feita por Marcelo Buzaglo Dantas e Fernanda de Oliveira Crippa ao alertarem que a utilização do instituto deve ser feita como "atenção redobrada" (2021, p. 170), pois a "definição é extremamente ampla", haja vista que a PNMA "não definiu um rol de possíveis poluidores indiretos". A abertura do texto legal, evidentemente, demanda uma construção que seja capaz de impedir a sua aplicação de forma randômica e lotérica. "Nessa ordem de ideias, o poluidor indireto só será considerado causador do dano quando se puder vislumbrar um dever de segurança" (Milaré, 2018, p. 458) que seja capaz de estabelecer um vínculo jurídico entre o autor direto o dano e o "poluidor indireto".

Ora, o dever de segurança, necessariamente, advém da capacidade que o garantidor tem de evitar o evento nocivo; ou seja, do (1) do conhecimento do fato e (2) da ação para impedi-lo. É portanto uma condição subjetiva.

4.2.2 A construção jurisprudencial do conceito de poluidor indireto

O conceito de poluidor indireto, tal como tem sido interpretado por parte da doutrina, é, essencialmente, uma construção jurisprudencial da 2ª Turma do STJ, *sem força vinculante* que tem sido aplicado de forma generalizada e, em muitos casos, ao arrepio de uma relação direta com os fatos. O conceito se espalhou de forma acrítica pelos tribunais e juízos brasileiros, com consequências relevantes para a aplicação do direito ambiental nacional e, em particular, da responsabilidade civil. Como se verá, dois são os acórdãos que deram origem à equivocada interpretação judicial.

Tiago Zapater (2013) aponta que, no voto condutor do Recurso Especial 650.728/SC, o Ministro Relator afirmou que "para o fim de apuração do nexo de causalidade no dano ambiental, equiparam-se quem faz, quem não faz quando deveria fazer, quem deixa fazer, quem não se importa que façam, quem financia para que façam, e quem se beneficia quando outros fazem". Zapater acrescenta que a hipótese concreta dizia respeito à imposição de obrigação de reparar o dano, praticado pelo antigo proprietário do imóvel objeto do litígio, causado por depósito de lixo sobre manguezal, levando à sua descaraterização. A decisão impôs a obrigação de reparação do manguezal ao novo proprietário. Conforme a observação de Tiago Zapater: "o voto condutor suscitou também o conceito de responsabilidade *propter rem*, que já era suficiente para fundamentar a condenação do proprietário sem que fosse necessário adentrar na discussão do nexo de causalidade" (2013, p. 130). Inobstante a clara base jurídica para a condenação do proprietário, o Ministro Benjamim fez pronunciamento enfático sobre o nexo de causalidade nas hipóteses de responsabilidade civil ambiental, ressaltando a "equiparação das posições do poluidor direto e do poluidor indireto e a extensão da abrangência deste último para atingir figuras bastante remotas" (2013, 340). Este tem sido um padrão muito frequente nos julgamentos de questões ambientais, pois matérias aparentemente simples, são transformadas em ribalta para discussões descontextualizadas e construção de uma jurisprudência retórica e dissociada do caso concreto submetido ao tribunal.

Ora, as obrigações *propter rem* não têm nenhuma relação com o instituto da responsabilidade civil. As obrigações reais são acessórias a direitos reais; elas impõem ao proprietário ou mesmo ao titular de outro direito real sobre a coisa e ao possuidor o dever de realizar uma prestação que, no caso examinado, era a manutenção de área de preservação permanente (manguezal). Conforme nos informa Fernando Noronha, "o titular do direito real sobre a coisa será sempre o devedor da obrigação real" (2010, p. 317). As obrigações *propter rem* surgem *ex-vi legis*, pois "atreladas a direitos reais – como sectárias, pois – mas com eles não se confundem, em sua estruturação, distanciando-se também das obrigações comuns" (Bittar, 1990, p. 40). No caso das áreas de preservação permanente (manguezal), elas são parte integrante da propriedade ou posse. Mesmo antes da Lei 12.651/2012, o caráter *propter rem* das APPs já era reconhecido. Elas, portanto, integram a propriedade ou a posse rural, não havendo que se falar em responsabilidade civil ou em poluidor indireto no caso concreto. Aliás, a Lei 12.651/2012,[4] expressamente atribui à "vegetação situada em Área de Preservação Permanente" a natureza de obrigação real transmitida "ao sucessor no caso de transferência de domínio ou posse do imóvel rural." Ademais, o Acórdão em questão não aponta qualquer ação ou omissão do réu da ação que pudesse se configurar em ato de poluição indireta. A obrigação, no caso, é de manutenção da higidez da propriedade, podendo o titular se desobrigar pela perda da propriedade ou posse. Entretanto, a construção de um "direito original" parece ser o real objetivo da decisão, atribuindo-se nula importância ao direito vigente.

Observe-se que o Tema 1204 do STJ firmou a tese que:

Tese Firmada

As obrigações ambientais possuem natureza propter rem, sendo possível exigi-las, à escolha do credor, do proprietário ou possuidor atual, de qualquer dos anteriores, ou de ambos, ficando isento de responsabilidade o alienante cujo direito real tenha cessado antes da causação do dano, desde que para ele não tenha concorrido, direta ou indiretamente.

É de se dar destaque, igualmente, à Súmula 623:

As obrigações ambientais possuem natureza *propter rem*, sendo admissível cobrá-las do proprietário ou possuidor atual e/ou dos anteriores, à escolha do credor. Importante. Aprovada em 12.12.2018.

Assim, parece evidente que a matéria tratada no REsp 650.738/SC não tem qualquer relação com a questão do poluidor indireto; a ementa é dissociada do discutido nos autos, caracterizando-se por uma mistura de conceitos e contribuindo para fragilizar os institutos de direito ambiental e gerar insegurança jurídica.

Na mesma linha do REsp 650.728/SC é a decisão proferida no REsp 1071.741/SP[5] que afirma ser o conceito de poluidor, no direito ambiental brasileiro, amplíssimo "confundindo-se, por expressa disposição legal, com o de degradador da qualidade ambiental, isto é, toda e qualquer "pessoa física ou jurídica, de direito público ou privado, responsável, direta ou indiretamente, por atividade causadora de degradação ambiental". Em seguida, é reiterada a formulação adotada no REsp 650.728/SC, *verbis*: "Para o fim de apuração do nexo de causalidade no dano urbanístico-ambiental e de eventual solidariedade passiva, equiparam-se

---

4. Art. 7º, §§ 1º e 2º.
5. STJ. REsp: 1071741 SP; Relator: Ministro Herman Benjamim, 2ª Turma, DJe 16.12.2010.

quem faz, quem não faz quando deveria fazer, quem não se importa que façam, quem cala quando lhe cabe denunciar, quem financia para que façam e quem se beneficia quando outros fazem."

Há que se observar que a matéria discutida nos autos dizia respeito a danos causados ao Parque Estadual de Jacutinga, unidade de conservação do estado de São Paulo, criado pelo Decreto-lei 145, de 8 de agosto de 1969, onde foram realizadas obras ilegais, devidamente embargadas pela fiscalização. No entanto o MPSP alegou que "o fato de a Administração haver embargado a obra não afasta a sua omissão, pois lhe competia adotar as medidas possessórias cabíveis contra o esbulho." Alegou, ainda, caber ao Estado a preservação do Parque Estadual; todavia, o Estado não teria se desincumbido de seu dever, permitindo a invasão de sua área e, inclusive, permitindo a edificação de uma casa e a exploração de uma área interna, com o cultivo de feijão e mandioca. Como se vê, um caso simples de responsabilidade administrativa por omissão, sem qualquer relação com a PNMA, ou com o conceito de poluidor indireto. O caso, entretanto, deu margem à elaboração da Súmula 652 do STJ.

> A responsabilidade civil da Administração Pública por danos ao meio ambiente, decorrente de sua omissão no dever de fiscalização, é de caráter solidário, mas de execução subsidiária. STJ. 1ª Seção. Aprovada em 02.12.2021, DJe 06.12.2021.

Como se viu, também na hipótese do REsp 1071.741/SP o que consta na ementa da decisão, no que se refere ao "poluidor indireto", não tem qualquer relação com a discussão concreta dos autos.

Cumpre considerar que o conceito de poluidor indireto, tal como definido pelo REsp 1.071.741, tem sido interpretado de forma abrangente e inconsistente com a jurisprudência consolidada do próprio Superior Tribunal de Justiça [STJ] e da legislação aplicável, sendo fonte de inquietudes desnecessárias. O STJ, no Tema Repetitivo 957, *deixou clara a necessidade da relação de causa e efeito para a imputação de responsabilidade por danos ao meio ambiente.*[6] Logo, a definição de poluidor, seja ele direto ou indireto, necessariamente demanda a existência de nexo de causalidade claro e indiscutível. Vale lembrar – mais uma vez – que o artigo 3º, IV *não define o que seja poluidor indireto*. Hipoteticamente, poderíamos definir o poluidor indireto como alguém (Ticio) que contribuiu para a prática de um dano ambiental, muito embora não seja o seu causador direto (Mévio).

---

6. As empresas adquirentes da carga transportada pelo navio Vicuña no momento de sua explosão, no Porto de Paranaguá/PR, em 15.11.2004, não respondem pela reparação dos danos alegadamente suportados por pescadores da região atingida, haja vista a ausência de nexo causal a ligar tais prejuízos (decorrentes da proibição temporária da pesca) à conduta por elas perpetrada (mera aquisição pretérita do metanol transportado).

Em tal circunstância não há uma relação de causa e efeito entre ação ou omissão e o dano causado, pois o dano foi causado por Mévio. Tício seria corresponsável se (1) soubesse dos designíos de Mévio para molestar o meio ambiente e, ainda assim, houvesse contribuído para o evento danoso, fornecendo o óleo para poluir o rio, *e.g.* Assim, houve uma contribuição fundamental, sem a qual o dano não teria ocorrido. Cuida-se, portanto, de uma responsabilidade subjetiva, pois sem o conhecimento do propósito de Mévio, a responsabilização de Ticio seria arbitrária. A única hipótese de responsabilizar Ticio objetivamente, no caso, seria a existência de uma expressa previsão legal.

A solidariedade não se presume, conforme disposto no artigo 265 do CCB. No particular, não se pode deixar de observar que, o artigo 403 do CCB determina que a obrigação de indenizar perdas e danos 'só incluem os prejuízos efetivos e os lucros cessantes *por efeito dela direto e imediato*", mesmo que o devedor tenha, dolosamente, dado causa à inexecução da obrigação. O Supremo Tribunal Federal em sua jurisprudência, desde longa data, tem entendido que: "Em nosso sistema jurídico, como resulta do disposto no artigo 1.060[7] do Código Civil, a teoria adotada quanto ao nexo de causalidade é a teoria do dano direto e imediato, também denominada teoria da interrupção do nexo causal. Não obstante aquele dispositivo da codificação civil diga respeito a impropriamente denominada responsabilidade contratual, aplica-se ele também à responsabilidade extracontratual, inclusive a objetiva, até por ser aquela que, sem quaisquer considerações de ordem subjetiva, afasta os inconvenientes das outras duas teorias existentes: a da equivalência das condições e a da causalidade adequada".[8]

Ora, dado que a Lei 6.938/1981 não define quem seja o "poluidor indireto" de forma clara e inequívoca, surge um problema relevante quando o imputado não é daqueles cuja "a atividade normalmente desenvolvida (...) impli[que], por sua natureza, risco para os direitos de outrem", conforme determinação do parágrafo único do artigo 927 do CCB. É o caso, por exemplo, das instituições financeiras, de fomento ou mesmo *holdings*.

4.2.3   As instituições financeiras e o conceito de poluidor indireto

A importância das instituições financeiras no sistema capitalista contemporâneo é decisiva e crescente. Diante de tal circunstância, não é de se estranhar que, em diversas oportunidades, haja uma busca de responsabilização de bancos e assemelhados relativamente a danos ambientais que tenham sido causados por seus mutuários. O conceito de poluidor indireto tem servido de

---

7. Código de 1916, correspondente ao artigo 403 do CCB de 2002.
8. Recurso Extraordinário 130.764/PR, Relator Ministro Moreira Alves.

motivação para tais objetivos. Entretanto, é preciso que se tenha em conta que as complexidades do capitalismo moderno indicam que são diversas as possibilidades de relacionamento comercial entre as instituições financeiras e os demais agentes econômicos. Não se pode, portanto, generalizar, em abstrato, a responsabilidade ambiental das instituições financeiras pelo simples fato de que elas mantenham relações comerciais com eventuais poluidores.[9] Na prática, isto seria transformá-las em garantes da qualidade ambiental. De acordo com o que foi exposto nos itens precedentes, a condição de poluidor indireto é muito específica e demanda a existência de condições próprias e particulares para que se possa caracterizá-la.

A discussão relativa à responsabilidade das instituições financeira no caso de danos ambientais causados por seus mutuários é antiga, remontando à década de 80 do século XX.[10]

4.2.3.1 Obrigações ambientais das instituições financeiras

As instituições financeiras no direito brasileiro são regidas pela Lei 4.595, 31 de dezembro de 1964[11] que as definem como "as pessoas jurídicas públicas ou privadas, que tenham como atividade principal ou acessória a coleta, intermediação ou aplicação de recursos financeiros próprios ou de terceiros, em moeda nacional ou estrangeira, e a custódia de valor de propriedade de terceiros". Ora, considerando-se que a Lei 6.938/1981 não define o que seja o "poluidor indireto" de forma clara e inequívoca, surge um problema relevante quando o imputado não é daqueles cuja "a atividade normalmente desenvolvida (...) impli[que], por sua natureza, risco para os direitos de outrem", conforme determinação do parágrafo único do artigo 927 do CCB. É pacífico que a atividade financeira não é de natureza a causar riscos ou danos para direitos de terceiros, no caso concreto o meio ambiente. Portanto, em princípio, a classificação genérica como poluidor indireto para atividades por elas financiadas – capazes de degradar o meio ambiente – é uma verdadeira presunção de responsabilidade, o que é vedado pelo ordenamento jurídico brasileiro. Assim, considerando-se que as atividades-fim das instituições financeiras não podem ser classificadas como degradadoras do meio ambiente,[12] somente lei específica pode incluí-las no rol dos poluidores indiretos. Observe-se que o direito brasileiro, a Lei de Biossegu-

---

9. Segundo dados do Banco Central do Brasil cerca de 86% da população brasileira possui conta bancária. Disponível em: https://www.bcb.gov.br/nor/relcidfin/cap01.html. Acesso em: 25 jan. 2024.
10. Para maiores detalhes sobre os compromissos das instituições financeiras privadas com práticas socioambientais ver: https://equator-principles.com/. Acesso em: 25 jan. 2024.
11. Art. 17.
12. Lei 6.938/1981, artigo 3º, II.

rança, determina que as instituições financeiras, ao conceder financiamentos, exijam, se for o caso, o Certificado de Qualidade em Biossegurança, sob pena de serem solidariamente responsáveis por danos ambientais causados por organismos geneticamente modificados.[13] Na hipótese, cuida-se de responsabilidade subjetiva que tem por base uma conduta (1) dolosa ou (2) culposa por negligência, por exemplo.

A Lei 9.605/1998, em seu artigo 3º determina que as pessoas jurídicas "serão responsabilizadas administrativa, *civil* e penalmente conforme o disposto nesta Lei, *nos casos em que a infração seja cometida por decisão de seu representante legal ou contratual, ou de seu órgão colegiado, no interesse ou benefício da sua entidade.*" Aqui, a lei exige uma conduta subjetiva e não meramente a relação de causa e efeito. É necessária uma decisão com a finalidade de atender interesse ou beneficiar a pessoa jurídica, sem o que não se pode falar em responsabilidade. A regra, voltada para a responsabilidade administrativa e penal, serve de orientação para a aplicação no caso do poluidor indireto que, como já foi visto, responde com base na subjetividade.

Em relação às instituições financeiras, há também que se considerar que os danos devem ser *diretamente* causados em razão do financiamento concedido; em outras palavras: ele deve ter como causa *direta* e *imediata* os valores aportados pela instituição financeira para a atividade que tenha causado o dano ambiental. E mais: a instituição financeira tem que ter o conhecimento do uso indevido dos recursos mutuados.

4.2.3.1.1   Resoluções do Conselho Monetário Nacional

O CMN, mediante a expedição de Resoluções, dispôs sobre os cuidados a serem observados pelas instituições financeiras quanto à concessão de financiamentos. Há duas Resoluções do CMN regulando a matéria: (1) Resolução 3545/2008, (2) Resolução 4.883/2020 e (3) Resolução 4.943/2021.

A Resolução 3.545, de 29 de fevereiro de 2008[14] estabelece as exigências de documentação comprobatória de regularidade ambiental e outras condi-

---

13. Lei 11.105/2005. Art. 2º As atividades e projetos que envolvam OGM e seus derivados, relacionados ao ensino com manipulação de organismos vivos, à pesquisa científica, ao desenvolvimento tecnológico e à produção industrial ficam restritos ao âmbito de entidades de direito público ou privado, que serão responsáveis pela obediência aos preceitos desta Lei e de sua regulamentação, bem como pelas eventuais consequências ou efeitos advindos de seu descumprimento. ... § 4º As organizações públicas e privadas, nacionais, estrangeiras ou internacionais, financiadoras ou patrocinadoras de atividades ou de projetos referidos no *caput* deste artigo devem exigir a apresentação de Certificado de Qualidade em Biossegurança, emitido pela CTNBio, sob pena de se tornarem corresponsáveis pelos eventuais efeitos decorrentes do descumprimento desta Lei ou de sua regulamentação.

14. Disponível em: https://www.bcb.gov.br/pre/normativos/res/2008/pdf/res_3545_v1_O.pdf. Acesso em: 25 jan. 2024.

cionantes, para fins de financiamento agropecuário no Bioma Amazônia. Ela é aperfeiçoamento de normas preexistentes em nosso ordenamento jurídico.

A Resolução tem como destinatários as instituições oficiais de crédito ou os bancos privados que sejam agentes financeiros de créditos públicos. A norma determinou a apresentação pelos interessados, de: 1 – Certificado de Cadastro de Imóvel Rural – CCIR vigente; 2 – declaração de que inexistem embargos vigentes de uso econômico de áreas desmatadas ilegalmente no imóvel; e 3 – licença, certificado, certidão ou documento similar comprobatório de regularidade ambiental, vigente, do imóvel onde será implantado o projeto a ser financiado, expedido pelo órgão estadual responsável.

Em relação às obrigações do agente financeiro, foi determinado que ele verifique a veracidade e a vigência da documentação exigível, *"mediante conferência por meio eletrônico junto ao órgão emissor, dispensando-se a verificação pelo agente financeiro quando se tratar de atestado não disponibilizado em meio eletrônico"*.

A Resolução CMN 4.883, de 23 de dezembro de 2020[15] que dispõe sobre crédito rural incorporou algumas obrigações ambientais a serem atendidas quando da concessão de crédito rural. A primeira obrigação é a verificação de que o crédito rural pleiteado atende às recomendações e restrições do zoneamento agroecológico e do zoneamento ecológico-econômico. A concessão de crédito rural para o financiamento de atividades agropecuárias nos municípios que integram "o Bioma Amazônia" obriga a instituição financeira a proceder as seguintes verificações: (1) inexistência de embargos vigentes de uso econômico de áreas desmatadas ilegalmente no imóvel, conforme divulgado pelo Instituto Brasileiro do Meio Ambiente e dos Recursos Naturais Renováveis (Ibama); (2) inexistência de restrições ao beneficiário assentado, por prática de desmatamento ilegal, conforme divulgado pelo Incra, no caso de financiamentos ao amparo do PNRA;(3) veracidade e da vigência dos documentos referidos em (1) e (2), mediante conferência por meio eletrônico junto ao órgão emissor, dispensando-se essa verificação quando se tratar de documento não disponibilizado em meio eletrônico; (4) inclusão, nos instrumentos de crédito das novas operações de investimento, de cláusula prevendo que, em caso de embargo do uso econômico de áreas desmatadas ilegalmente no imóvel, posteriormente à contratação da operação, será suspensa a liberação de parcelas até a regularização ambiental do imóvel e, caso não seja efetivada a regularização no prazo de 12 (doze) meses a contar da data da autuação, o contrato será considerado vencido antecipadamente pelo agente financeiro.

---

15. Disponível em: https://www.in.gov.br/en/web/dou/-/resolucao-cmn-n-4.883-de-23-de-dezembro--de-2020-296178058. Acesso em: 25 jan. 2024.

É importante ressaltar que as exigências tratadas pelas Resoluções se limitam às operações de financiamento de atividades agropecuárias no Bioma Amazônia.

A Resolução 4943, de 15 de setembro de 2021[16] que alterou a Resolução 4457, de 23 de fevereiro de 2017 estabeleceu um conjunto mais amplo de obrigações ambientais para as instituições financeiras. O gerenciamento de riscos a ser desenvolvido deve contemplar, dentre outros, o (1) risco socioambiental, conforme estipulado pela Resolução 4.327, de 25 de abril de 2014;[17] e (2) o risco social, conforme definido no art. 38-A;[18] (3) o risco ambiental, conforme definido no art. 38-B;[19] (4) o risco climático, conforme definido

---

16. Disponível em: https://www.bcb.gov.br/estabilidadefinanceira/exibenormativo?tipo=Resolu%-C3%A7%C3%A3o%20CMN&numero=4943. Acesso em: 25 jan. 2024.

17. Disponível em: https://www.bcb.gov.br/pre/normativos/res/2014/pdf/res_4327_v1_O.pdf. Acesso em: 26 jan. 2024.

18. Art. 38-A. Para fins desta Resolução, define-se o risco social como a possibilidade de ocorrência de perdas para a instituição ocasionadas por eventos associados à violação de direitos e garantias fundamentais ou a atos lesivos a interesse comum. § 1º Para fins desta Resolução, interesse comum é aquele associado a grupo de pessoas ligadas jurídica ou factualmente pela mesma causa ou circunstância, quando não relacionada à definição de risco ambiental, de risco climático de transição ou de risco climático físico. § 2º São exemplos de eventos de risco social a ocorrência ou, conforme o caso, os indícios da ocorrência de: I – ato de assédio, de discriminação ou de preconceito com base em atributos pessoais, tais como etnia, raça, cor, condição socioeconômica, situação familiar, nacionalidade, idade, sexo, orientação sexual, identidade de gênero, religião, crença, deficiência, condição genética ou de saúde e posicionamento ideológico ou político; II – prática relacionada ao trabalho em condições análogas à escravidão; III – exploração irregular, ilegal ou criminosa do trabalho infantil; IV – prática relacionada ao tráfico de pessoas, à exploração sexual ou ao proveito criminoso da prostituição; V – não observância da legislação previdenciária ou trabalhista, incluindo a legislação referente à saúde e segurança do trabalho, sem prejuízo do disposto no art. 32; VI – ato irregular, ilegal ou criminoso que impacte negativamente povos ou comunidades tradicionais, entre eles indígenas e quilombolas, incluindo a invasão ou a exploração irregular, ilegal ou criminosa de suas terras; VII – ato lesivo ao patrimônio público, ao patrimônio histórico, ao patrimônio cultural ou à ordem urbanística; VIII – prática irregular, ilegal ou criminosa associada a alimentos ou a produtos potencialmente danosos à sociedade, sujeitos a legislação ou regulamentação específica, entre eles agrotóxicos, substâncias capazes de causar dependência, materiais nucleares ou radioativos, armas de fogo e munições; IX – exploração irregular, ilegal ou criminosa dos recursos naturais, relativamente à violação de direito ou de garantia fundamental ou a ato lesivo a interesse comum, entre eles recursos hídricos, florestais, energéticos e minerais, incluindo, quando aplicável, a implantação e o desmonte das respectivas instalações; X – tratamento irregular, ilegal ou criminoso de dados pessoais, sem prejuízo do disposto no art. 32; XI – desastre ambiental resultante de intervenção humana, relativamente à violação de direito ou de garantia fundamental ou a ato lesivo a interesse comum, incluindo rompimento de barragem, acidente nuclear ou derramamento de produtos químicos ou resíduos nas águas; XII – alteração em legislação, em regulamentação ou na atuação de instâncias governamentais, associada a direito ou garantia fundamental ou a interesse comum, que impacte negativamente a instituição; e XIII – ato ou atividade que, apesar de regular, legal e não criminoso, impacte negativamente a reputação da instituição, por ser considerado lesivo a interesse comum.

19. Art. 38-B. Para fins desta Resolução, define-se o risco ambiental como a possibilidade de ocorrência de perdas para a instituição ocasionadas por eventos associados à degradação do meio ambiente, incluindo o uso excessivo de recursos naturais. Parágrafo único. São exemplos de eventos de risco ambiental a ocorrência ou, conforme o caso, os indícios da ocorrência de: I – conduta ou atividade irregular, ilegal

CAPÍTULO 4 • O RESPONSÁVEL PELO DANO AMBIENTAL

no art. 38-C;[20] e (5) os demais riscos relevantes, segundo critérios definidos pela instituição, incluindo aqueles não cobertos na apuração do montante dos ativos ponderados pelo risco (RWA), de que trata a Resolução 4.193 de 1º de março de 2013.

As obrigações ambientais, estabelecidas pela autoridade monetária, são as que devem ser observadas pelas instituições financeiras e cobrem satisfatoriamente os possíveis riscos.

4.2.3.1.2 A jurisprudência sobre a matéria

A rarefeita jurisprudência nacional sobre o tema admite a tese de que a responsabilidade das instituições financeiras por danos causados por atividades que, eventualmente, tenham financiado é subjetiva. O Ministro Ricardo Vilas Boas Cueva[21] examinou uma interessante hipótese de litígio entre mutuário e

---

ou criminosa contra a fauna ou a flora, incluindo desmatamento, provocação de incêndio em mata ou floresta, degradação de biomas ou da biodiversidade e prática associada a tráfico, crueldade, abuso ou maus-tratos contra animais; II – poluição irregular, ilegal ou criminosa do ar, das águas ou do solo; III – exploração irregular, ilegal ou criminosa dos recursos naturais, relativamente à degradação do meio ambiente, entre eles recursos hídricos, florestais, energéticos e minerais, incluindo, quando aplicável, a implantação e o desmonte das respectivas instalações; IV – descumprimento de condicionantes do licenciamento ambiental; V – desastre ambiental resultante de intervenção humana, relativamente à degradação do meio ambiente, incluindo rompimento de barragem, acidente nuclear ou derramamento de produtos químicos ou resíduos no solo ou nas águas; VI – alteração em legislação, em regulamentação ou na atuação de instâncias governamentais, em decorrência de degradação do meio ambiente, que impacte negativamente a instituição; e VII – ato ou atividade que, apesar de regular, legal e não criminoso, impacte negativamente a reputação da instituição, em decorrência de degradação do meio ambiente.

20. Art. 38-C. Para fins desta Resolução, define-se o risco climático, em suas vertentes de risco de transição e de risco físico, como: I – risco climático de transição: possibilidade de ocorrência de perdas para a instituição ocasionadas por eventos associados ao processo de transição para uma economia de baixo carbono, em que a emissão de gases do efeito estufa é reduzida ou compensada e os mecanismos naturais de captura desses gases são preservados; e II – risco climático físico: possibilidade de ocorrência de perdas para a instituição ocasionadas por eventos associados a intempéries frequentes e severas ou a alterações ambientais de longo prazo, que possam ser relacionadas a mudanças em padrões climáticos. Parágrafo único. São exemplos de eventos de risco climático: I – no âmbito do risco climático de transição: a) alteração em legislação, em regulamentação ou em atuação de instâncias governamentais, associada à transição para uma economia de baixo carbono, que impacte negativamente a instituição; b) inovação tecnológica associada à transição para uma economia de baixo carbono que impacte negativamente a instituição; c) alteração na oferta ou na demanda de produtos e serviços, associada à transição para uma economia de baixo carbono, que impacte negativamente a instituição; e d) percepção desfavorável dos clientes, do mercado financeiro ou da sociedade em geral que impacte negativamente a reputação da instituição relativamente ao seu grau de contribuição na transição para uma economia de baixo carbono; e II – no âmbito do risco climático físico: a) condição climática extrema, incluindo seca, inundação, enchente, tempestade, ciclone, geada e incêndio florestal; e b) alteração ambiental permanente, incluindo aumento do nível do mar, escassez de recursos naturais, desertificação e mudança em padrão pluvial ou de temperatura.

21. STJ. Agravo em Recurso Especial: AREsp 1304424 PR 2018/0133582-2.

o BNDES, relativa ao inadimplemento contratual, causado pela não obtenção de licença ambiental pelo mutuário. Firmou-se o entendimento que "seria impossível exigir do banco que ele se certificasse previamente sobre o preenchimento dos requisitos legais para a obtenção de licença ambiental, vez que as únicas autoridades legitimadas para tanto são o IBAMA e os órgãos ambientais estaduais e municipais, a depender da natureza do empreendimento e do impacto ambiental por ele causado, conforme disciplinado na Resolução 237 do CONAMA. A decisão deixa claro que à instituição financeira compete, única e tão somente, exigir do mutuário a documentação ambiental cabível; foge da atribuição legal da instituição financeira agir em substituição aos órgãos de controle ambiental.

O Tribunal Regional Federal da 1ª Região,[22] ao julgar uma disputa relativa à responsabilização de agências de controle ambiental, por conduta omissiva, em razão de danos causados a particulares por empresa de mineração, entendeu que "[a]s entidades de direito público responsáveis pela vigilância, controle e fiscalização da atividade mineradora, juntamente com a empresa extrativista, possuem legitimidade para responder como sujeitos passivos em ação de reparação por danos ambientais que se alega sofridos por particular em sua fazenda, os quais causaram crateras (dolinas) e a morte de animais, por contaminação da água". Em relação ao agente financeiro, no caso concreto o BNDES, a Corte afirmou que "o simples fato de ser ele a instituição financeira incumbida de financiar a atividade mineradora (...), em princípio, por si só, não o legitima para figurar no polo passivo da demanda." A natureza subjetiva da responsabilidade foi afirmada ao acrescentar que "se vier a ficar comprovado, no curso da ação ordinária, que a referida empresa pública, mesmo ciente da ocorrência dos danos ambientais que se mostram sérios e graves e que refletem significativa degradação do meio ambiente, ou ciente do início da ocorrência deles, houver liberado parcelas intermediárias ou finais dos recursos para o projeto de exploração minerária da dita empresa, aí, sim, caber-lhe-á responder solidariamente com as demais entidades-rés pelos danos ocasionados". A decisão, claramente, afirma que, no caso concreto, há a necessidade de que a instituição financeira (1) tenha ciência do dano ambiental causado e (2) apesar disso, prossiga concedendo ou liberando crédito já concedido. Trata-se, portanto, de conduta dolosa ou culposa, conforme deve ser apurado. Com relação à ciência do dano, evidentemente, ela tem que ser fruto de uma informação idônea e oficial, salvo as hipóteses de fatos públicos e notórios, pois os contra-

---

22. TRF-1. AG: 36329 MG 2002.01.00.036329-1, Relator: Desembargador Federal Fagundes de Deus. 5ª Turma, Publicação: 19.12.2003 DJ p. 185.

tos de financiamento são sujeitos a cláusulas relativas ao fluxo financeiro que precisam ser observadas por ambas as partes contratantes.

Em igual sentido vai a decisão proferida pelo Tribunal Regional Federal da 2ª Região,[23] ao decidir questão relativa a bens dados em hipoteca ao BNDES, havendo assentado que: "[m]algrado as referidas embarcações tenham sido dadas em garantia ao crédito objeto da execução, não há no nosso ordenamento jurídico nenhuma norma que legitime o executado a compelir o exequente a adjudicar compulsoriamente um bem hipotecado." Acrescentando, ainda, que em relação à "específica alegação de risco ambiental, esta não é suficiente para alterar o entendimento acima exposto, eis que a responsabilidade pela manutenção dos bens hipotecados é da empresa agravante, assim como dos eventuais danos ambientais por ventura causados, fruto de sua deterioração, não podendo ser carreada a culpa ao BNDES".

A decisão proferida no REsp 1.071.741 ao mencionar o "quem financia para que façam" deve ser compreendida à luz da jurisprudência que especificamente trata das relações entre instituições financeiras e danos ambientais causados por seus mutuários. Esta jurisprudência, com muita clareza, indica a natureza subjetiva de tal responsabilização. Justifica-se a posição jurisprudencial, pois não havendo lei específica para tratar da matéria, o intérprete há que se socorrer do parágrafo único do artigo 927 do CCB; ora, a atividade financeira não tem como "natureza" pôr em risco ou causar danos ao meio ambiente; portanto, não está sujeita à responsabilidade objetiva por esse fundamento.

Em conclusão, é possível dizer que a responsabilidade das instituições financeiras relativamente a créditos que tenham concedido – os quais tenham financiado atividades degradadoras do meio ambiente – exige a (1) ciência inequívoca do fato danoso; a (2) continuidade dos financiamentos apesar da ciência dos danos causados; matéria de prova que deve ser feita pelo autor da demanda.

O aumento das preocupações com a proteção ambiental e com as mudanças climáticas tem dado margem a um crescimento vigoroso do número de ações judiciais buscando responsabilizar instituições públicas e privadas pelas alterações dramáticas do sistema climático e por danos ambientais. Tem sido usual que a busca de reparação dos danos se faça com base no artigo 3º, IV da Lei 6.938/1981 que define o poluidor como "a pessoa física ou jurídica, de direito público ou privado, responsável, direta ou indiretamente, por ati-

---

23. TRF-2. AG: 201302010035645, Relator: Desembargador Federal Nobre Matta, 7ª Turma Especializada, Publicação: 22.08.2013.

vidade causadora de degradação ambiental", a partir da interpretação que foi dada pelo REsp 1.071.741 – SP que o caracteriza como: "quem faz, quem não faz quando deveria fazer, quem não se importa que façam, quem cala quando lhe cabe denunciar, quem financia para que façam e quem se beneficia quando outros fazem." A decisão, muito embora não tenha efeito vinculante, tem sido considerada como um *leading case* da matéria.

A decisão tem sido interpretada em relação às instituições financeiras como se elas fossem, automaticamente, responsáveis solidárias por danos ambientais causados por seus mutuários.

Inicialmente, deve ser recordado que a matéria tratada no REsp 1.071.741 diz respeito a obras irregulares em unidades de conservação [parque estadual] e a responsabilidade da administração pública no caso concreto, tendo sido decidido que, na hipótese tal responsabilidade é "solidária, objetiva, ilimitada e de execução subsidiária".[24] A decisão, em momento nenhum, trata de instituições financeiras, ou de suas responsabilidades por danos ambientais. Ora, como se sabe, o Código de Processo Civil, em diversas oportunidades, determina que, ao se aplicar a jurisprudência e os precedentes, *seja feita a distinção entre os casos*; isto é, que a matéria de fato seja examinada para que se saiba se os precedentes são cabíveis na hipótese.[25]

O problema jurídico central que se coloca em relação às instituições financeiras, em tema de responsabilidade ambiental, é o estabelecimento do nexo de causalidade entre o dano efetivamente causado ao meio ambiente e as suas ações ou omissões. Inicialmente, cumpre considerar que o conceito de poluidor indireto,

---

24. Súmula 652 A responsabilidade civil da Administração Pública por danos ao meio ambiente, decorrente de sua omissão no dever de fiscalização, é de caráter solidário, mas de execução subsidiária.

25. Por exemplo: Art. 489. São elementos essenciais da sentença: § 1º Não se considera fundamentada qualquer decisão judicial, seja ela interlocutória, sentença ou acórdão, que: II – empregar conceitos jurídicos indeterminados, sem explicar o motivo concreto de sua incidência no caso; III – invocar motivos que se prestariam a justificar qualquer outra decisão; VI – deixar de seguir enunciado de súmula, jurisprudência ou precedente invocado pela parte, sem demonstrar a existência de distinção no caso em julgamento ou a superação do entendimento.

    Art. 966. A decisão de mérito, transitada em julgado, pode ser rescindida ... § 5º Cabe ação rescisória, com fundamento no inciso V do *caput* deste artigo, contra decisão baseada em enunciado de súmula ou acórdão proferido em julgamento de casos repetitivos que não tenha considerado a existência de distinção entre a questão discutida no processo e o padrão decisório que lhe deu fundamento. § 6º Quando a ação rescisória fundar-se na hipótese do § 5º deste artigo, caberá ao autor, sob pena de inépcia, demonstrar, fundamentadamente, tratar-se de situação particularizada por hipótese fática distinta ou de questão jurídica não examinada, a impor outra solução jurídica.

    Art. 1.037. Selecionados os recursos, o relator, no tribunal superior, constatando a presença do pressuposto do caput do art. 1.036, proferirá decisão de afetação, na qual: § 9º Demonstrando distinção entre a questão a ser decidida no processo e aquela a ser julgada no recurso especial ou extraordinário afetado, a parte poderá requerer o prosseguimento do seu processo.

tal como definido pelo REsp 1.071.741, tem sido interpretado de forma abrangente e inconsistente com a jurisprudência consolidada do Superior Tribunal de Justiça [STJ] e da legislação aplicável, sendo fonte de inquietudes desnecessárias. O STJ, no Tema Repetitivo 957, *deixou clara a necessidade da relação de causa e efeito para a imputação de responsabilidade por danos ao meio ambiente.*[26] Logo, a definição de poluidor, seja ele direto ou indireto, necessariamente demanda a existência de nexo de causalidade claro e indiscutível. Vale lembrar que o artigo 3º, IV *não define o que seja poluidor indireto,* sendo certo que poluição tem um conceito normativo claro.[27]

No artigo 265 do Código Civil Brasileiro [CCB]. No particular, não se pode deixar de observar que, o artigo 403 do CCB determina que a obrigação de indenizar perdas e danos 'só incluem os prejuízos efetivos e os lucros cessantes *por efeito dela direto e imediato*", mesmo que o devedor tenha, dolosamente, dado causa à inexecução da obrigação. O Supremo Tribunal Federal em sua jurisprudência, desde longa data, tem entendido que: "Em nosso sistema jurídico, como resulta do disposto no artigo 1.060[28] do Código Civil, a teoria adotada quanto ao nexo de causalidade é a teoria do dano direto e imediato, também denominada teoria da interrupção do nexo causal. Não obstante aquele dispositivo da codificação civil diga respeito a impropriamente denominada responsabilidade contratual, aplica-se ele também à responsabilidade extracontratual, inclusive a objetiva, até por ser aquela que, sem quaisquer considerações de ordem subjetiva, afasta os inconvenientes das outras duas teorias existentes: a da equivalência das condições e a da causalidade adequada".[29]

---

26. As empresas adquirentes da carga transportada pelo navio Vicuña no momento de sua explosão, no Porto de Paranaguá/PR, em 15.11.200, não respondem pela reparação dos danos alegadamente suportados por pescadores da região atingida, haja vista a ausência de nexo causal a ligar tais prejuízos (decorrentes da proibição temporária da pesca) à conduta por elas perpetrada (mera aquisição pretérita do metanol transportado).
27. Art. 3º Para os fins previstos nesta Lei, entende-se por: III – poluição, a degradação da qualidade ambiental resultante de atividades que direta ou indiretamente: a) prejudiquem a saúde, a segurança e o bem-estar da população; b) criem condições adversas às atividades sociais e econômicas; c) afetem desfavoravelmente a biota; d) afetem as condições estéticas ou sanitárias do meio ambiente; e) lancem matérias ou energia em desacordo com os padrões ambientais estabelecidos; IV – poluidor, a pessoa física ou jurídica, de direito público ou privado, responsável, direta ou indiretamente, por atividade causadora de degradação ambiental.
28. Código de 1916, correspondente ao artigo 403 do CCB de 2002.
29. Recurso Extraordinário 130.764/PR, Relator Ministro Moreira Alves.

4.3 A RESPONSABILIDADE PELO FATO DE TERCEIRO NO DIREITO AMBIENTAL BRASILEIRO

O direito ambiental brasileiro reconhece, em não poucas oportunidades, a responsabilidade civil pelo fato de terceiros. A Lei 6.453/1977 que, dentre outras coisas, dispõe sobre a responsabilidade civil por danos nucleares, foi a primeira lei a reconhecer em "matéria ambiental",[30] de forma clara, a responsabilidade por fato de terceiro. A responsabilidade civil por danos nucleares é canalizada na figura do operador da instalação nuclear que responde, exclusivamente, pelos danos nucleares.[31] O operador responde "por qualquer dano a pessoa ou a coisa" (Bittar, 1985, p. 128). Logo, a obrigação de ressarcir o dano por se estender a "ação de pessoa em nada vinculada com o responsável (terceiro, em seu sentido mais amplo), de sorte que não há, nessa hipótese, similitude com a situação clássica de responsabilidade por fato de terceiro" (p. 133), mas uma designação normativa de responsabilidade. Há, igualmente, algumas hipóteses restritas de exclusão de responsabilidade.

Ainda em matéria nuclear, a Lei 10.308/2011 também define a responsabilidade por fato de terceiro ao estabelecer que, no transporte de rejeitos dos depósitos iniciais para os depósitos intermediários ou de depósitos iniciais para os depósitos finais, a responsabilidade civil por danos radiológicos pessoais, patrimoniais e ambientais causados por rejeitos radioativos é do titular da autorização para operação da instalação que contém o depósito inicial. E, ainda que, no transporte de rejeitos dos depósitos intermediários para os depósitos finais, a responsabilidade civil por danos radiológicos pessoais, patrimoniais e ambientais causados por rejeitos radioativos é da CNEN. Logo, tais atribuições de responsabilidade não estão vinculadas a uma relação de causa e efeito naturalística; muito pelo contrário, o vínculo é puramente normativo.

A chamada responsabilidade pós-consumo (Moreira, 2015) é, evidentemente, uma derivação da responsabilidade pelo fato de terceiro, pois a atribuição de responsabilidade ao produtor de determinados bens moveis colocados ao consumo, *após a sua venda*, é evidentemente uma responsabilidade pelo fato de terceiro; haja vista que o produtor não é mais o proprietário da mercadoria. A responsabilidade pelo descarte final das embalagens, é situação excepcional que merece tratamento legal, pois a propriedade de bens móveis se transfere pela tradição.

---

30. Embora haja um determinado grau de autonomia do "direito nuclear", não se pode deixar de reconhecer as evidentes vinculações com o tema ambiental.
31. Lei 6.453/1977, art. 4º.

CAPÍTULO 4 • O RESPONSÁVEL PELO DANO AMBIENTAL   **69**

A Lei de agrotóxicos [Lei 7.802/1989[32]] dispõe sobre a responsabilidade por fato de terceiro, no caso denominada como responsabilidade pós-consumo. Paulo Afonso Vaz Brum, em relação ao tema, destaca que a questão, pela lei de agrotóxicos, foi submetida a uma nova disciplina legal da destinação final das embalagens vazias de agrotóxicos, dividindo a responsabilidade entre os usuários, os comerciantes e os fabricantes. Conforme o dispositivo legal, o fabricante assume a responsabilidade por ter colocado o produto no mercado, "depois de providências preparatórias que incumbem ao usuário e ao vendedor" (Brum, 2006, p. 141). Também nesta hipótese é imprescindível a existência de norma legal.

A Lei 11.105/2005, no § 4º do artigo 2º, determina que "as organizações públicas e privadas, nacionais, estrangeiras ou internacionais, financiadoras ou patrocinadoras de atividades ou de projetos" de construção, o cultivo, a produção, a manipulação, o transporte, a transferência, a importação, a exportação, o armazenamento, a pesquisa, a comercialização, o consumo, a liberação no meio ambiente e o descarte de organismos geneticamente modificados – OGM e seus derivados, exijam "a apresentação de Certificado de Qualidade em Biossegurança, emitido pela CTNBio", sob pena de se tornarem corresponsáveis pelos eventuais efeitos decorrentes do descumprimento da lei ou de sua regulamentação. Há uma indiscutível responsabilidade por fato de terceiro estabelecida normativamente. Entretanto, deve ser realçado que a norma limita-se a determinar que as instituições financeiras "exijam" as licenças ambientais cabíveis, não decorrendo daí nenhum controle sobre a atividade exercida por terceiro, nem a obrigatoriedade de fiscalização.

A Lei 12.305/2010 que instituiu a PNRS também dispõe amplamente sobre a responsabilidade por fato de terceiro, sob a denominação de *responsabilidade compartilhada pelo ciclo de vida do produto*[33] que, normativamente é o conjunto de atribuições individualizadas e encadeadas dos fabricantes, importadores, distribuidores e comerciantes, dos consumidores e dos titulares dos serviços públicos de limpeza urbana e de manejo dos resíduos sólidos, para minimizar o volume de resíduos sólidos e rejeitos gerados, bem como para reduzir os impactos causados à saúde humana e à qualidade ambiental decorrentes do ciclo de vida dos produtos, *nos termos da lei*. O artigo 41 determina que, em relação às áreas órfãs, o governo federal deve estruturar e manter instrumentos e atividades voltados para promover a descontaminação das áreas. Logo, o governo federal assumiu, por via legal, a responsabilidade por fato de terceiro. O parágrafo único do artigo 41 estabelece que se, posteriormente à descontaminação de sítio órfão, "forem

---

32. Art. 6º e parágrafos.
33. Art. 3º, XVII.

identificados os responsáveis pela contaminação", estes ressarcirão na totalidade o valor dispendido pelo Poder Público. Acrescente-se que o § 7º do artigo 33 da PNRS, admite que o serviço público de limpeza urbana e de manejo de resíduos sólidos, possa, por acordo setorial ou termo de compromisso com o setor empresarial, "encarregar-se de atividades de responsabilidade dos fabricantes, importadores, distribuidores e comerciantes nos sistemas de logística reversa dos produtos e embalagens", mediante remuneração. A hipótese é de evidente responsabilidade por fato de terceiro.

Está bem demonstrado que o direito ambiental brasileiro repele à imposição indiscriminada de responsabilidade ambiental por fato de terceiro, sem a existência de uma norma clara e específica sobre o tema. Isto é mais evidente quando se trata, em especial, de responsabilidade objetiva que, em nosso sistema jurídico, só existe por força de lei ou quando a atividade usualmente exercida pelo agente, seja por natureza perigosa e capaz de gerar riscos ao meio ambiente ou a terceiros. Há que se acrescentar que a responsabilidade civil por risco não elimina totalmente a responsabilidade por culpa, mas convive com ela (Larenz, 1985). A definição da responsabilidade por fato de terceiro, caso não haja uma norma positiva clara indicando os responsáveis, deve ser apurada com base na culpa.

Capítulo 5
NEXO DE CAUSALIDADE

A exclusão da culpa como fundamento para a imposição de responsabilidade ao poluidor direto é um reconhecimento normativo de que acidentes acontecem e são frequentes. É um reconhecimento, também, de que o risco imposto a terceiros tem como consequência que o simples fato danoso é suficiente para deflagrar o mecanismo de responsabilidade, pouco importando ações ou omissões que são requisitos para a responsabilidade subjetiva.

O afastamento da culpa como fundamento da responsabilidade civil por danos ao meio ambiente acarreta a ampliação da relevância do nexo de causalidade. Este, no tema de danos ambientais e de sua reparação, é o objetivo mais importante a ser perseguido para a imputação de responsabilidade. Nas hipóteses de responsabilidade por risco nas quais a ocorrência do fato danoso é suficiente para que se inicie a investigação sobre quem tinha, ou devia ter, o controle sobre a atividade, com vistas à apuração de responsabilidade, a importância do nexo causal é enorme, fundamental. Pois, em tese, a simples existência do nexo causal, seria o elemento facilitador da imputação de responsabilidade. Entretanto, a experiência concreta demonstra que o reconhecimento do nexo de causalidade, nem sempre é simples.

A chamada poluição difusa ou sinérgica, isto é, aquela que é fruto da contribuição de diferentes agentes e diferentes fontes, "torna particularmente difícil" a apreciação da relação de causalidade (Yárgües, 1995). Muitas fórmulas têm sido tentadas, indo desde a participação no mercado, até a construção de presunções, nível de capacidade econômico-financeira e tantas outras (Rèmond-Gouilloud, 1989).

Este capítulo objetiva analisar a formação do nexo de causalidade como um fator determinante para a imputação de responsabilidade aquele que tem o dever de garantia, em função do risco que impõe à sociedade.

5.1 A RELAÇÃO DE CAUSA E EFEITO

Quando se está diante do fenômeno jurídico da responsabilidade civil objetiva por risco, a conduta do agente causador do dano recuperável, mitigável, compensável ou indenizável é irrelevante, pois o dever de reparação – qualquer que seja a sua extensão – não guarda qualquer relação com estados psicológicos (ainda que puramente figurados) do operador da atividade da qual se tenha originado o dano. Ela surge de uma determinação normativa. Desta forma, a relação de causa e efeito, que interessa para o nosso tema, não é naturalística, mas jurídica.

A obrigação de reparar/recuperar nasce do fato danoso que se vincula a um determinado sujeito de direito que tem o dever de controle sobre a atividade, de forma que ela não cause danos a terceiros. A vinculação é jurídica e não meramente naturalística, pois uma norma jurídica pode estabelecer um liame capaz de identificar uma relação de causa e efeito entre uma atividade, um evento e o dano. É, portanto, desnecessário dizer quão importante é o nexo de causalidade. Em geral, costuma-se atribuir-lhe duas finalidades: (a) determinar ao que a quem se deve atribuir o resultado do evento danoso e (b) a avaliação da extensão do dano a se recuperado/reparado. (Tepedino, Terra e Guedes, 2021).

O nexo de causalidade, na responsabilidade civil por danos ao meio ambiente avulta em importância, em razão das complexidades próprias da matéria. Imagine-se as múltiplas fontes que contribuem para a poluição atmosférica em uma grande cidade; ou, ainda, as diferentes origens da emissão de GEE e as suas repercussões no sistema climático. Estes são os exemplos clássicos de poluição difusa. No caso dos "acidentes" industriais, caso se fosse buscar as "causas naturais" para a sua ocorrência, as questões se prolongariam demasiadamente; pois em acidentes industriais as causas são múltiplas e complexas que se desdobram em inúmeras falhas e erros que, muitas vezes, se sucedem ao longo dos anos para culminar em uma tragédia. A opção política do legislador em fixar o fundamento da responsabilidade ambiental no risco, evita longa e infrutíferas discussões.

É no nexo de causalidade que repousa o cerne do qual nasce a obrigação de reparar o dano. Logo, na responsabilidade civil objetiva, o nexo de causalidade é o elemento fundamental a ser examinado, pois é dele que decorrerão todas as consequências jurídicas imputáveis ao autor do dano.

Muito embora o modelo jurídico brasileiro, em matéria de responsabilidade, esteja fundado em dois regimes, a saber: o de responsabilidade (1) subjetiva [C.C.B artigo 186 e 927] e o de responsabilidade (2) objetiva [C.C.B. artigo 927, parágrafo único], a responsabilidade por danos ao meio ambiente está regida pelo modelo de responsabilidade objetiva. De acordo com o disposto no parágrafo único do artigo 927 do C.C.B., a responsabilidade objetiva tem lugar "nos casos especificados em lei, ou quando a atividade normalmente desenvolvida pelo autor do dano implicar, por sua natureza, risco para os direitos de outrem." Logo, no direito brasileiro, a cláusula geral de responsabilidade objetiva incide (1) nos casos em que a lei assim o determine e, também, quando (2) uma atividade for de tal monta que a sua prática imponha risco para interesses de terceiros. No caso específico da responsabilidade por danos causados ao meio ambiente, a sua natureza objetiva decorre de expresso mandamento legal, conforme tipificado pelo parágrafo único do artigo 14 da Lei 6.938/1981 ao determinar que "o poluidor é obrigado, independentemente da existência de culpa, a indenizar ou reparar os danos causados ao meio ambiente e a terceiros, afetados por sua atividade." Ressalte-se que o § 3º do artigo 225 da Constituição Federal estabelece uma cláusula geral de responsabilidade, sem definir a sua natureza objetiva ou subjetiva.

5.1.1 O parágrafo único do artigo 927 do Código Civil

O parágrafo único do artigo 927 do CCB é fundamental no contexto da RCDA, sobretudo quando se tratar da identificação do poluidor indireto e da imposição de responsabilidade ambiental à atividades que no seu desenvolvimento ordinário não têm caráter de risco.

Recordemos o teor do parágrafo único do artigo 927 do CCB:

> Haverá obrigação de reparar o dano, independentemente de culpa, nos casos especificados em lei, ou quando a atividade normalmente desenvolvida pelo autor do dano implicar, por sua natureza, risco para os direitos de outrem.

De acordo com a norma, a responsabilidade objetiva tem dois fundamentos no direito brasileiro. O primeiro é a lei. O segundo fundamento ocorre quando a atividade "normalmente" desenvolvida pelo autor do dano seja tal que possa implicar, "por sua natureza, riscos para direitos de outrem".

Imaginemos uma situação na qual uma floricultura – Fúcsia flores – empresa dedicada ao comércio de flores tenha adquirido uma grande partida de rosas que estava sendo transportada pela empresa Ajax Transportes contratada para a prestação do serviço. O caminhão sofre um acidente que provocou incêndio em terreno pertencente a uma reserva biológica. A empresa transportadora não dispunha de condições financeiras para arcar com os custos da recuperação da área incendiada, motivo pelo qual o Ministério Público acionou judicialmente a floricultura, com base na responsabilidade objetiva do poluidor indireto.

A questão, na minha opinião, passa pelo entendimento da condição jurídica de Fúcsia flores em relação ao evento danoso. Em primeiro lugar, há um contrato de transporte entre Fúcsia Flores e Ajax Transportes, o que, em princípio exclui a responsabilidade de Fúcsia, pois não há relação de causa e efeito entre qualquer ação ou omissão de fúcsia que possa ter gerado o dano. Acresce que Fúcsia não tem o controle da atividade, não tendo obrigação de garantir terceiros contra danos. Ademais, a atividade que Fúcsia exerce normalmente não é capaz de se constituir em "risco para o direito de outrem."

Paulo Affonso Leme Machado (2018) afirma que para se cogitar da aplicação da responsabilidade civil sem culpa [objetiva], nas hipóteses em que não haja expressa previsão legal, se faz necessário constatar a natureza da atividade "normalmente desenvolvida pelo autor", pois segundo Machado, se a atividade for esporádica e/ou não habitual, não de poderá aplicar a parte final do parágrafo único do artigo 927 do Código Civil. Risco, no caso, deve ser concreto e significativo, pois toda atividade humana sempre gera um determinado grau de risco.

Na hipótese figurada acima, a floricultura não exerce, com habitualidade, uma atividade capaz de causar "ônus maior do que aos demais membros da coletividade", não podendo ser classificada como "de risco". Ademais, por "risco" deve ser compreendido o "risco excepcional" (Tartuce, 2021).

5.1.1.1 O entendimento do artigo 927 do Código Civil pelo Conselho da Justiça Federal

O Conselho da Justiça Federal, em diversas jornadas de direito civil, tem contribuído para a compreensão do artigo 927 do CCB e, em especial, de seu parágrafo único, ao firmar enunciados sobre a matéria que servem de orientação para os magistrados quando são chamados a decidir questões relacionadas à aplicação da norma contia no parágrafo único do artigo 927 do CCB.

Enunciado	Texto
38	A responsabilidade fundada no risco da atividade, como prevista na segunda parte do parágrafo único do art. 927 do novo Código Civil, configura-se quando a atividade normalmente desenvolvida pelo autor do dano causar a pessoa determinada um ônus maior do que aos demais membros da coletividade.
377	O art. 7º, inc. XXVIII, da Constituição Federal não é impedimento para a aplicação do disposto no art. 927, parágrafo único, do Código Civil quando se tratar de atividade de risco.
446	A responsabilidade civil prevista na segunda parte do parágrafo único do art. 927 do Código Civil deve levar em consideração não apenas a proteção da vítima e a atividade do ofensor, mas também a prevenção e o interesse da sociedade.
448	A regra do art. 927, parágrafo único, segunda parte, do CC aplica-se sempre que a atividade normalmente desenvolvida, mesmo sem defeito e não essencialmente perigosa, induza, por sua natureza, risco especial e diferenciado aos direitos de outrem. São critérios de avaliação desse risco, entre outros, a estatística, a prova técnica e as máximas de experiência.
555	"Os direitos de outrem" mencionados no parágrafo único do art. 927 do Código Civil devem abranger não apenas a vida e a integridade física, mas também outros direitos, de caráter patrimonial ou extrapatrimonial.
558	O patrimônio do ofendido não pode funcionar como parâmetro preponderante para o arbitramento de compensação por dano extrapatrimonial.
659	Art. 927: O reconhecimento da dificuldade em identificar o nexo de causalidade não pode levar à prescindibilidade da sua análise.

Fonte: https://www.cjf.jus.br/enunciados/pesquisa/resultado

CAPÍTULO 5 • NEXO DE CAUSALIDADE

É recomendável que os enunciados aprovados pelo CJF sejam aplicados pelos magistrados às questões ambientais, pois são abrangentes e se constituem em orientação segura e estável relativamente ao tema em questão.

5.2 AS PRINCIPAIS TEORIAS EXPLICATIVAS

A responsabilidade civil por risco é um campo fértil para a proliferação de teorias que tentam explicar o instituto jurídico. Na maioria das vezes as sutilezas que demarcam as diferenças entre elas são, na verdade, exercícios acadêmicos com pouca ou nenhuma repercussão no mundo real. No campo específico as relações de causa e efeito, o fenômeno da multiplicidade de teorias explicativas também é um fato inegável. Gustavo Tepedino, Aline de Mirada Valverde Terra e Gisela Sampaio da Cruz Guedes (2021) indicam que há quatro teorias principais relativamente à definição do nexo de causalidade em tema de responsabilidade civil:

(1) Teoria da equivalência das condições

(2) Teoria da causalidade adequada

(3) Teoria da causalidade eficiente

(4) Teoria da causa direta e imediata

Tais teorias possuem subdivisões e variações que não convém tratar nesse espaço.

A teoria da *causa equivalente* parte do pressuposto de que todo evento que tenha se mostrado *indispensável* para a ocorrência do fato danoso é uma causa equivalente do dano, independentemente de sua proximidade ou importância para a concretização do dano. Ela, na prática, admite uma causalidade infinita, e.g., "[s]e não tivesse sido realizada a importação do ácido sulfúrico, jamais teria havido o transporte, a descarga e, em última análise, a situação de risco".[1] Na mesma decisão são citadas duas teorias distintas como fundamento da responsabilidade, *in verbis*: "É firme na jurisprudência o entendimento no sentido de que, nos danos ambientais, incide a *teoria do risco integral* (...) A responsabilidade do poluidor por danos ao meio ambiente é objetiva e decorre do *risco gerado* pela atividade potencialmente nociva ao bem ambiental, admitindo-se como responsável também aquele que aufere indiretamente lucro com *o risco criado*."

---

1. TRF4. AC 5006075-38.2012.4.04.7101, 4ª Turma, Relatora Vivian Josete Pantaleão Caminha, juntado aos autos em 29.05.2017.

A teoria da *causalidade adequada* tem por objetivo identificar nas situações nas quais mais de uma possível causa possa ter gerado o dano, qual delas foi efetivamente e independentemente das demais, foi preponderante para a ocorrência do dano. É uma teoria probabilística, pois admite que a maior probabilidade de uma determinada causa ter sido a determinante para o dano, "tanto mais adequada é em relação a esse dano" (Tepedino, Terra e Guedes, 2021, p. 86). Vale consignar que o Enunciado 37 do CJF, *verbis*: "O art. 945 do novo Código Civil, que não encontra correspondente no Código Civil de 1916, não exclui a aplicação da teoria da causalidade adequada." De acordo com os postulados da teoria da causalidade adequada, não basta que uma determinada condição possa causar o evento danoso, é necessário que ela seja determinante. A teoria atenua os efeitos da teoria das causas equivalente, mas em linhas gerais mantém um amplo espectro de possibilidades de imputação de responsabilidade.

Entretanto, há que se observar que, em relação à aplicação da teoria da causalidade adequada às questões ambientais, Patrícia Faga Iglécias Lemos (2012) observa ser relevante a sua análise, pois "são comuns julgados que a ela fazem referência" (2012, p. 151).[2]

---

2. A doutrina endossada pela jurisprudência desta Corte é a de que o nexo de causalidade deve ser aferido com base na teoria da causalidade adequada, adotada explicitamente pela legislação civil brasileira (CC/1916 , art. 1.060 e CC/2002 , art. 403), segundo a qual somente se considera existente o nexo causal quando a ação ou omissão do agente for determinante e diretamente ligada ao prejuízo. 3. A adoção da aludida teoria da causalidade adequada pode ensejar que, na aferição do nexo de causalidade, chegue-se à conclusão de que várias ações ou omissões perpetradas por um ou diversos agentes sejam causas necessárias e determinantes à ocorrência do dano. Verificada, assim, a concorrência de culpas entre autor e réu a consequência jurídica será atenuar a carga indenizatória, mediante a análise da extensão do dano e do grau de cooperação de cada uma das partes à sua eclosão. 4. No caso em exame, adotando-se a interpretação das cláusulas dos contratos celebrados entre os litigantes e as premissas fáticas e probatórias, tal como delineadas na instância de origem, conclui-se que as condutas comissivas e omissas de todas as partes, cada qual em sua esfera de responsabilidade assumida contratualmente e, extracontratualmente, pela teoria do risco da atividade (CC/2002 , art. 927 , parágrafo único), foram determinantes para que o vazamento da gasolina gerasse os danos materiais e ambientais verificados e, inclusive, chegasse a ter grandes proporções. Está, assim, configurada a concorrência de culpas para eclosão do evento danoso, sendo certo que cada litigante deve responder na proporção de sua contribuição para a ocorrência do dano. STJ. REsp: 1615971 DF 2015/0201776-6, Relator: Ministro Marco Aurélio Bellizze, 3ª Turma, DJe 07.10.2016.
***

A responsabilidade civil por dano ambiental é objetiva e solidária de todos os transgressores, como deflui da norma § 1º do artigo 14 da Lei 6.983/1981, que definiu a Política Nacional do Meio Ambiente. A regra prevista pelo direito nacional reserva aos particulares a proteção contra as transformações da ordem jurídica e, contra uma de suas mais relevantes manifestações, a superveniência legislativa, tão somente naqueles casos em que aquele possa opor hipóteses de direito adquirido, ato jurídico perfeito ou de coisa julgada (Lição de doutrina). A doutrina endossada pela jurisprudência desta Corte é a de que o nexo de causalidade deve ser aferido com base na teoria da causalidade adequada, adotada explicitamente pela legislação civil brasileira... (CC/1916, art. 1.060 e CC/2002, art. 403), segundo a qual somente se considera existente o nexo causal quando a ação ou omissão do agente for determinante e diretamente ligada ao prejuízo. (O conjunto probatório, no caso concreto, evidencia

A teoria da *causalidade eficiente* admite que a condições que contribuíram para a ocorrência de um dano não são equivalentes, motivo pelo qual há sempre uma causa antecedente que, efetivamente é a verdadeira causa do evento danoso.

A teoria da *causalidade direta e imediata* (interrupção do nexo de causalidade) é a adotada pelo CCB. Segundo tal teoria, somente são consideradas causas aquelas que estão direta e imediatamente vinculadas ao evento danoso.

Às teorias acima, brevemente expostas, há que se acrescentar a teoria da *norma violada*. Esta teoria estabelece um nexo causal de natureza normativa que se completa pela violação de uma norma legal ou mesmo contratual.

5.2.1 Teorias específicas para a responsabilidade por danos ao meio ambiente

Carlos de Miguel Perales (1997) arrola uma série de teorias de responsabilidade civil. A primeira das teorias indicadas é a da *condição perigosa*. Segundo ela, se uma ação ou omissão cria um perigo capaz de provocar um evento danoso, esta ação ou omissão deve ser considerada como causa eficiente do dano efetivamente ocorrido. Perales considera que tal teoria é uma variante da teoria da causalidade adequada (1997, p. 168).

O autor indica, ainda, a (i) *teoria da proporcionalidade*, segundo a qual a reparação do dano deve ser proporcional a probabilidade de causá-lo, assim se a proporção de causação for de 30% em relação à atividade do réu, o autor deve receber como reparação 30% do dano sofrido. Em relação a tal teoria, Carlos Perales faz uma interessante observação no sentido de que, a responsabilidade civil tem por objeto a reparação dos "danos sofridos pela vítima, mas não a qualquer preço" (1997, p. 170). Acrescentando que o dano só deve ser reparado por quem o tenha causado.

A (ii) *teoria da pessoa mais vítima (most likely victim)* considera que, quando várias pessoas alegam ter sofrido danos causados por um mesmo agente, o ressarcimento dos danos deve ser feito aqueles que demonstrem a maior probabilidade de causalidade entre a ação ou omissão do agente e o ano sofrido.

A (iii) *teoria da responsabilidade segundo a participação no mercado*, também conhecida como responsabilidade empresarial ou industrial. Esta teoria

---

que o prédio edificado no imóvel matrícula 3.547 do Registro de Imóveis da Comarca de Catuípe não malferiu qualquer regra protetiva do meio ambiente vigente à época da construção. Ademais, o laudo pericial concluiu pela inexistência de prova do dano ambiental e do nexo de causalidade decorrente da construção do prédio e da exploração da atividade de venda de combustíveis por parte dos réus. Sentença de parcial procedência da ação confirmada. Apelo desprovido. Apelação Cível 70079753141, 22ª Câmara Cível, TJRS, Relator: Miguel Ângelo da Silva, Julgado em 21.03.2019.

se aplica a todos os fabricantes de um mesmo produto que, em tese, deu causa a um determinado dano ambiental, nas hipóteses em que todos são demandados em uma mesma ação judicial. É uma teoria mais voltada para a responsabilidade produtos, mas pode ser alargada para a chamada poluição difusa. Em seus aspectos ambientais, ela assume a forma da *market share liability*, dispensando-se o autor de provar o nexo de causalidade se (a) os demandados produzem o produto a partir de um mesmo desenho ou fórmula; (b) se o autor não pode identificar o produtor concreto do produto que causou o dano e (c) os demandados têm uma parcela importante do mercado em questão. Há, também a chamada teoria holandesa de responsabilidade alternativa, segundo a qual o autor não tem a obrigação de provar o nexo causal nas hipóteses em que o grande número de possíveis causadores do dano, torna materialmente impossível para o autor da demanda identificá-los. Neste caso, todos os produtores demandados são devedores solidários.

Estas teorias têm valor histórico e podem auxiliar subsidiariamente em alguns casos concretos. Elas, entretanto, não são aplicáveis diretamente ao direito positivo brasileiro que deu tratamento mais adequado à questão do nexo de causalidade, no que se refere à RCDA, vez que ele é normativo, pelo menos no caso do poluidor direto.

Capítulo 6
DANO AMBIENTAL

6.1 INTRODUÇÃO

Os conceitos normativos de dano ambiental no direito brasileiro são de natureza infralegal, sendo a sua construção alicerçada sobre dois pilares: o (1) dano e o (2) meio ambiente. O dano, resumidamente, é o prejuízo injusto causado a terceiro, um ato ilícito. Meio ambiente, por sua vez, é conceito que possui (a) uma definição política – artigo 225 *caput* da Constituição Federal – "meio ambiente (...) bem de uso comum do povo e essencial à sadia qualidade de vida" e uma (b) definição técnico-normativa que é dada pelos artigos 2º, I (a) "o meio ambiente como um patrimônio público a ser necessariamente assegurado e protegido" e (b) 3º, I da Lei 6.938/1981: "o conjunto de condições, leis, influências e interações de ordem física, química e biológica, que permite, abriga e rege a vida em todas as suas formas." Há que se acrescentar que a CF reconhece, ainda, o meio ambiente (a) urbano, o (b) cultural e o (c) do trabalho.

A alteração adversa das características do meio ambiente (prejuízo) ocorre pela degradação da qualidade ambiental, notadamente na forma de poluição que se desdobra em atividades que (a) prejudiquem a saúde, a segurança e o bem-estar da população; (b) criem condições adversas às atividades sociais e econômicas; (c) afetem desfavoravelmente a biota; (d) afetem as condições estéticas ou sanitárias do meio ambiente; e (e) lancem matérias ou energia em desacordo com os padrões ambientais estabelecidos.

Tanto o conceito político, quanto o técnico-normativo são muito amplos e, juridicamente, pouco operacionais; nesse sentido é necessária uma abordagem pragmática, capaz de decompor os seus elementos constitutivos sempre que se esteja diante de um dano concreto a ser reparado. Não se recupera o meio ambiente *in abstracto*, mas os recursos hídricos, os recursos florestais, a fauna e a flora de um determinado ou determinável local. Os danos pessoais e materiais também integram o conceito de dano ambiental, quando são consequências de lesões ao meio ambiente. Eles são conhecidos como danos ambientais impróprios ou por ricochete.

Uma importante lei para a definição de dano ambiental e de sua recuperação é a Lei 9.985/2000 que, em seu artigo 2º, IV define recurso ambiental como a atmosfera, as águas interiores, superficiais e subterrâneas, os estuários, o mar territorial, o solo, o subsolo, os elementos da biosfera, a fauna e a flora; bem como define conceitos essenciais para a compreensão jurídica da recuperação/reparação dos danos ambientais.[1]

O dano é fundamental para a imputação de responsabilidade, pois sem ele não existe a perturbação da esfera jurídica de outrem. Ele lesiona interesses jurídicos dignos de tutela, sejam eles patrimoniais, extrapatrimoniais, materiais, imateriais, coletivos ou individuais. Por ser uma categoria jurídica ele tem como base elementos normativamente definidos, quais sejam: o (a) prejuízo injusto causado a terceiro e, consequentemente, a (b) lesão a um direito ou interesse protegido. O conceito de responsabilidade está ligado à reparação/restauração de um malefício [dano] causado a terceiros. Logo, sem danos não há responsabilidade e, portanto, não há que se falar em reparação.[2] No caso específico dos danos ao meio ambiente, há que se considerar que eles são ilícitos constitucionais (§ 3º do artigo 225 da C.F.) que se desdobram nas esferas (a) administrativa, (b) civil e (c) penal.

6.2 O CONCEITO DE DANO

O dano é o disparador da responsabilidade, sem ele não há que se falar em responsabilidade civil ambiental. Ele é uma situação de fato que gera consequências jurídicas, inclusive para terceiros, como é o caso dos seguros. A definição de dano é uma precondição para a definição de dano ambiental ou danos ao meio ambiente, pois não se pode definir qual o ressarcimento devido se o dano a ser reparado não estiver suficientemente (a) classificado, (b) especificado e (c) quantificado.

O dano é o prejuízo *injusto* causado a terceiro, gerando a obrigação de reparar. A visão tradicional indica que ele é uma situação de fato essencialmente negativa, pois o dano acarreta um desvalor. Ele é a variação, moral ou material, negativa que deverá ser, na medida do possível, mensurada de forma que se possa efetivar

---

1. Art. 2º, XIII e XIV.
2. 3. A Lei 6.938/81, que dispõe sobre a Política Nacional do Meio Ambiente, em seus artigos 4º, VII, e 14, § 1º, impõe a obrigação de recuperação e/ou indenização pelos danos ambientais decorrentes da utilização de recursos naturais com fins econômicos, independentemente a verificação de culpa. 4. Constatado, por meio de inspeção técnica realizada pela Polícia do Meio Ambiente, a regeneração integral da área anteriormente desmatada, a ausência de outras intervenções antrópicas e a inexistência de danos ambientais, a hipótese é de improcedência da demanda. TJ-MG. AC: 10400130025655001 Mariana, Relator: Bitencourt Marcondes, Data de Julgamento: 18.02.2021, Câmaras Cíveis / 19ª Câmara Cível, Data de Publicação: 25.02.2021.

CAPÍTULO 6 • DANO AMBIENTAL | 81

a sua recuperação ou o seu ressarcimento. O dano é uma categoria jurídica em expansão, pois frequentemente surgem novos "danos".

O *injusto*, ou o prejuízo causado a terceiro, sem uma justificativa juridicamente válida, é fundamental na construção jurídica do dano. O termo *dano injusto* consta do artigo 2043 do Código Civil Italiano[3], sendo crucial para a ressarcibilidade do dano, pois há danos causados a terceiros que são juridicamente justificáveis e que, em determinadas circunstâncias, podem ser até mesmo um "direito de prejudicar", conforme a interessante expressão de Miguel Maria de Serpa Lopes (1996). É o caso, v.g., das hipóteses contempladas pelo artigo 188 do CCB.

O direito ambiental regula muitas situações nas quais o dano ambiental (no sentido naturalístico) é permitido, *e.g.*, supressão de APP para fins de utilidade pública, interesse social ou baixo impacto.[4] É de se ver que, em tais casos,

> não obstante haja um dano em sentido naturalístico – pois presente não só a violação do interesse, como também o menoscabo do bem jurídico respectivo, inclusive com alguma parcela de perda de utilidades dele decorrentes –, ele não é juridicamente relevante, na medida em que decorrente do regular exercício de um direito (em sentido amplo) conferido ao, em tese, lesante, para que assim proceda. (Teixeira Neto, 2022, p. 261).

O dever de não prejudicar terceiros (*alterum non laedere* ou *neninem laedere*) é parte dos fundamentos e essência da ordem jurídica, constando das primeiras definições de direito estabelecidas pelos jurisconsultos romanos (Ulpiano): "Iuris praecepta sunt haec: honeste vivere, alterum non laedere, suum cuique tribuere".[5]

O dano normativamente considerado é a "lesão a qualquer interesse jurídico digno de tutela" (Tepedino, Terra e Guedes, 2021, p. 30), isto implica em que o dimensionamento do dano se dá "segundo o legítimo interesse daquele que sofreu a repercussão no bem lesado". Com isto, a condição da vítima é essencial para a definição dos parâmetros de indenização, por exemplo. No caso dos danos extrapatrimoniais, os elementos a serem levados em consideração não devem se limitar ao patrimônio do ofendido, pois não é o patrimônio que indica o nível da violação de direitos extrapatrimoniais (Enunciado 555 do CJF).

O dano, em princípio, é causado por um ato ilícito, tal como definido pelo artigo 186 do Código Civil Brasileiro, *in verbis*, "[a]quele que, por ação ou omissão

---

3. Todas as traduções são feitas pelo autor, salvo indicação em contrário. Art. 2043. Ressarcimento por fato ilícito. Qualquer fato doloso ou culposo que cause dano injusto a outrem, obriga aquele que o cometeu a ressarcir o dano). Disponível em: https://www.responsabilidadecivil.org/italia. Acesso em: 16 nov. 2023.
4. Lei 12651/2012, Art. 8º.
5. Os preceitos do direito são estes: viver honestamente, não lesar a outrem, dar a cada um o que é seu.

voluntária, negligência ou imprudência, violar direito e causar dano a outrem, ainda que exclusivamente moral, comete ato ilícito." Entretanto, a própria lei civil estabelece um regime muito amplo de exceções, conforme disposto no parágrafo único do artigo 927 do CCB. A análise do artigo permite-nos identificar duas situações: a (a) primeira é a reafirmação da cláusula geral de responsabilidade subjetiva tratada pelos artigos 186 e 187 do CCB, definindo que o ato ilícito praticado contra terceiro e passível de reparação é o decorrente de dolo ou culpa. Todavia, o (b) parágrafo único do artigo, estabelece a obrigação de reparar o dano, independentemente de culpa, quando a obrigação decorrer de atividade normalmente desenvolvida pelo autor do dano que implique, por sua natureza, risco para os direitos de outrem. Neste particular, cabe relembrar o escólio feito Gustavo Tepedino, Aline de Miranda Valverde Terra e Gisela Sampaio da Cruz Guedes no sentido de que não cabe ao magistrado "decidir de acordo com suas convicções pessoais, o que é atividade de risco" (2021, p. 131). Compreendendo que a tarefa não é singela, os citados atores assinalam que, "toda atividade, em alguma medida, implica, por sua natureza, riscos para direitos de outrem". A questão, portanto, diz respeito à habitualidade com a qual a atividade é exercida; ao nível do risco, isto é, "alto risco, risco provável, ou risco maior do que o normal a justificar o sistema mais severo de responsabilização" (Tepedino, Terra e Guedes, 2021, p. 131). Se não fosse assim, a responsabilidade subjetiva teria sido eliminada, sem mais, de nosso ordenamento jurídico, o que não é o caso.

Ora, se a atividade desenvolvida é lícita e está sendo exercida, em princípio, em conformidade com as licenças e/ou autorizações concedidas; e, não obstante isto causa danos a terceiros, a hipótese é de abuso de direito,[6] pois "há situações lícitas que perdem proteção na colisão com outra situação jurídica prevalente no caso concreto" (Tepedino, Terra e Guedes, 2021, p. 31). Aqui surge um problema complexo, pois "poderá não haver propriamente dano injusto, afastando-se a responsabilidade civil, e ainda assim haver antijuridicidade a ser simplesmente apartada" (Tepedino, Terra e Guedes, 2021, p. 31).

Na hipótese específica da responsabilidade civil ambiental, caso a atividade seja de risco, não há como se afastar a reparação dos danos causados a terceiros, ainda que eles sejam justificados. Cuida-se da aplicação do princípio da solidariedade social que informa o instituto da responsabilidade objetiva (Vieira, 2005).

A sociedade moderna, industrial e tecnológica, diferentemente daquelas que a precederam, é capaz de gerar, rotineiramente, prejuízos a terceiros. A regularidade de tais prejuízos a terceiros é uma característica que foi normalizada sob

---

6. CCB. Art. 187. Também comete ato ilícito o titular de um direito que, ao exercê-lo, excede manifestamente os limites impostos pelo seu fim econômico ou social, pela boa-fé ou pelos bons costumes.

a denominação de externalidade, ou seja, *resultados indesejados* decorrentes da prática de atividades desejadas. Tais resultados podem ser positivos ou negativos, dependendo do ângulo do observador. O resultado da atividade de uma fábrica é, no mínimo, a produção de dois bens, a saber: a (1) produção em si mesma e a (2) geração de rejeitos e resíduos.[7]

6.2.1 A poluição

O vocábulo *poluição* se tornou muito popular na segunda metade do século XX, tendo ingressado no direito brasileiro moderno por intermédio da Lei 5.027/1966 que instituiu o código de saúde do Distrito Federal (art. 7º, § 3º) (Antunes, 2019). A norma buscava impedir a contaminação das águas do Distrito Federal, proibindo a instalação de núcleos habitacionais de qualquer espécie em zonas a montante do lago de Brasília e nas proximidades dos cursos de água da sua bacia, quando não ofereçam, a critério da autoridade sanitária, garantia de sistema de recolhimento de dejetos e de detritos capaz de evitar a poluição e a contaminação das suas águas.

Posteriormente, pelo Decreto-Lei 303/1967, foi estabelecido o conceito normativo de poluição conforme a definição dada pelo seu artigo 1º:

Art. 1º Para as finalidades deste decreto-lei, denomina-se Poluição qualquer alteração das propriedades físicas, químicas ou biológicas do meio ambiente (solo, água e ar), causada por qualquer substância sólida líquida, gasosa ou em qualquer estado da matéria, que, direta ou indiretamente:

Seja nociva ou ofensiva à saúde à segurança e ao bem-estar das populações;

Crie condições inadequadas para fins domésticos, agropecuários, industriais e outros; ou

Ocasione danos à fauna e à flora.

O Decreto-Lei 303/1967 já previa a possibilidade do estabelecimento de "limites de poluição" e "padrões para os despejos" e "padrões de qualidade para as águas receptoras" (art. 2º, parágrafo único). O artigo 3º tratava da poluição atmosférica e admitia a instituição de "limites de emissão para a atmosfera estabelecendo-se quer padrões de emissão, quer padrões de qualidade do ar." (art. 3º, parágrafo único). O conceito de poluição estabelecido pela Lei 6.938/1981 é, essencialmente, o mesmo. As alterações se deram no sentido de ampliar o campo de abrangência da categoria jurídica, de forma a contemplar as novas realidades e dar uma resposta às novas condições criadas por uma industrialização acelerada e o consequente crescimento da urbanização. Portanto, o conceito de poluição é, essencialmente, um conceito normativo. A norma, ao estabelecer os limites

---

7. Lei 12.305/2010. Art. 3º, XV, XVI.

[padrões de qualidade] é que define o quanto de elementos "não naturais" pode ser lançado ao ambiente, sem violação dos regulamentos aplicáveis. É o direito que dirá o que deve ser considerado poluição ou não. Entretanto, não se pode relegar a segundo plano que, em muitas oportunidades, além dos critérios estritamente normativos, outros fatores contribuem decisivamente para a formação do conceito de poluição, inclusive as percepções sociais.

6.2.1.1 A poluição na Política Nacional do Meio Ambiente

A PNMA, em seu artigo 3º, III define poluição como a degradação da qualidade ambiental resultante de atividades que direta ou indiretamente: (a) prejudiquem a saúde, a segurança e o bem-estar da população; (b) criem condições adversas às atividades sociais e econômicas; (c) afetem desfavoravelmente a biota; (d) afetem as condições estéticas ou sanitárias do meio ambiente; e (e) lancem matérias ou energia em desacordo com os padrões ambientais estabelecidos. Cuida-se, portanto, de um conceito muito amplo que está referenciado a limites estabelecidos pelo poder público. A poluição considerada de forma geral pode ser dividida em: (a) poluição em sentido estrito; (b) dano ambiental e (c) crime ambiental (Antunes, 2015, p. 125).

A poluição em *sentido estrito* é a alteração as condições ambientais de pequena dimensão, incapaz de alterar negativamente a ordem ambiental; é desprezível ambientalmente e irrelevante do ponto de vista jurídico. A irrelevância da poluição em sentido estrito é sempre relacionada a um determinado ambiente concretamente considerado. "Assim, em ambiente negativamente alterado, uma contaminação que seria irrelevante em local não sujeito a alterações negativas pode ser relevante, pois agrava o quadro prévio" (Antunes, 2015, p. 125). A poluição, ou o dano ambiental, podem ser afastados por uma norma legal, e.g., supressão de vegetação nativa do bioma mata atlântica em determinadas situações, tais como utilidade pública ou interesse social.[8]

Os limites e os padrões de qualidade ambiental determinados pelos órgãos públicos, no entanto, dependem de diversas circunstâncias e, portanto, devem ser analisados de forma contextual.[9] Dessa forma, toda alteração negativa do meio ambiente é poluição, mas nem toda poluição é dano ambiental. O dano

---

8. Lei 11.428/2006, Art. 23, I, III e IV.
9. Resolução CONAMA 357/2005. Art. 33. Na zona de mistura de efluentes, o órgão ambiental competente poderá autorizar, levando em conta o tipo de substância, valores em desacordo com os estabelecidos para a respectiva classe de enquadramento, desde que não comprometam os usos previstos para o corpo de água. Parágrafo único. A extensão e as concentrações de substâncias na zona de mistura deverão ser objeto de estudo, nos termos determinados pelo órgão ambiental competente, às expensas do empreendedor responsável pelo lançamento.

ambiental se caracteriza por "um grau de relativa *anormalidade*" (Vaz, 2006, p. 103), em suas propriedades físico-químicas, estéticas e sanitárias que usualmente caracterizam o ambiente concretamente considerado. A subtração de tais elementos, ainda que parcial, é que vai caracterizar o dano, desde que não haja norma autorizando a ação.

A poluição se desdobra em várias modalidades, podendo ser (a) atmosférica, (b) estética, (c) sonora, (d) luminosa, (e) hídrica, (f) química e tantas outras.

6.3 O DANO AMBIENTAL

Dano ambiental é dano ao meio ambiente, que na forma da lei é *"o conjunto de condições, leis, influências e interações de ordem física, química e biológica, que permite, abriga e rege a vida em todas as suas formas"*. Como se vê, é um conceito abstrato que não se confunde com os bens materiais que lhe dão suporte. Embora uma árvore seja um recurso ambiental, não é o meio ambiente. O dano ambiental, portanto, é um atentado contra as condições de higidez ambiental e que prejudique as diversas condições, leis, influências e interações de ordem física, química e biológica que permita, abrigue e reja a vida, em quaisquer de suas formas, sem uma justificativa juridicamente válida. Para o direito, só é dano ambiental juridicamente punível aquele que tem origem em atividades antrópicas. As alterações adversas do meio ambiente originadas por causas naturais, em princípio, são estranhas ao direito ambiental.

A Portaria 83, de 13 de setembro de 2022 do IBAMA definiu os conceitos de *dano ambiental* e de *dano ambiental indireto, verbis*:

> Dano ambiental – é toda lesão causada ao meio ambiente ecologicamente equilibrado decorrente da degradação de atributos ambientais por meio de atividades, ações e omissões antrópicas não autorizadas ou em desacordo com as autorizações vigentes.
>
> Dano ambiental direto – parcela do dano ambiental que pode ser constatado de forma material, visual, geoespacial ou por outras evidências devidamente fundamentadas, de modo que seja possível definir um local de ocorrência para fins de reparação do dano, de forma direta ou indireta.

A definição do IBAMA indica que a "lesão causada ao meio ambiente ecologicamente equilibrado decorrente da degradação de atributos ambientais" é dano ambiental, desde que sejam resultantes de "ações e omissões antrópicas não autorizadas ou em desacordo com as autorizações vigentes". Mais uma vez, fica evidente o caráter normativo do dano ambiental e da poluição e, sobretudo, a sua origem em atividades antrópicas.

Ao nível das normas federais, estas são as únicas definições existentes. Note-se que a ênfase do conceito está centrada na proteção da ordem pública do meio ambiente, pois somente será considerado dano ambiental, a lesão causada "por meio de atividades, ações e omissões antrópicas não autorizadas ou em desacordo com as autorizações". Entende-se que as definições têm um objetivo prático que é dirigir e permitir a ação administrativa do IBAMA. Todavia, o dano ambiental pode ter origem em uma atividade lícita e exercida em conformidade com a autorização ou o licenciamento concedido. Para tanto, basta que ela seja capaz de produzir uma alteração adversa do meio ambiente que não tenha sido prevista pela autorização ou licença. Em tais casos a obrigação civil de reparar o dano existe; já a responsabilidade administrativa deverá ser apurada com base na culpa, pois é subjetiva.

Conforme a regulamentação, o dano ambiental pode ser (a) *direto* que é a "parcela do dano ambiental que pode ser constatado de forma material, visual, geoespacial ou por outras evidências devidamente fundamentadas, de modo que seja possível definir um local de ocorrência para fins de reparação do dano, de forma direta ou indireta" (Portaria Ibama 83/2022), ou (b) *indireto* que é a "parcela do dano ambiental, constatado por meio de indícios, tais como transporte, beneficiamento, comércio, consumo e/ou armazenamento de recursos naturais em desacordo com as normas vigentes, sendo que não é possível definir o local original de ocorrência do dano, para fins de reparação in situ" (Portaria IBAMA 115/2022).

As modificações dos ambientes naturais podem indicar a existência de (a) *área alterada* ou *perturbada* que é aquela que após a ocorrência de um dano ambiental "ainda mantém meios de regeneração biótica, ou seja, possui capacidade de regeneração natural." Cuida-se de uma categoria mais branda do que a de (b) *área degradada* que é a "impossibilitada de retornar, por uma trajetória natural, a um ecossistema que se assemelhe a um estado previamente conhecido." (Portaria IBAMA 83/2022).

O dano ambiental, como fenômeno do mundo físico, certamente, pode resultar de atos lícitos, sendo irrelevante para a sua caracterização que o agente possua, ou não, as necessárias licenças e autorizações administrativas para o exercício da atividade.

6.3.1 Espécies de danos ambientais

6.3.1.1 *Dano ambiental quanto à sua natureza*

Conforme explanado nos itens precedentes, o conceito de meio ambiente é complexo e, consequentemente, o dano ambiental também é um conceito complexo. Os danos ambientais podem ser (a) *próprios* e (b) *impróprios.* Os danos ambientais (a) *próprios* são os danos causados aos chamados recursos ambientais ou naturais, tais como: a atmosfera, as águas interiores, superficiais e subterrâneas, os estuários, o mar territorial, o solo, o subsolo, os elementos da biosfera, a fauna e a flora. São os danos causados aos ecossistemas e aos biomas capazes de afetar negativamente os serviços ecossistêmicos.[10] O dano ambiental *próprio* é o dano *ecológico*, cuja natureza é eminentemente coletiva e extrapatrimonial. Este tipo de dano é, seguramente, o mais complexo e de difícil reparação.

Os danos ambientais (b) *impróprios*, são os causados às pessoas, às suas propriedades, às atividades econômicas e o que não se enquadre na categoria de recursos ambientais ou naturais. São os *danos reflexos*, consequência de danos ecossistêmicos, também conhecidos como danos *por ricochete*. O dano ambiental impróprio é tipicamente uma ofensa à esfera privada dos indivíduos, coletividades ou pessoas jurídicas. Uma usina hidrelétrica que tenha suspendido a geração de energia, em função do alto nível de poluição do corpo hídrico, sofre prejuízo de natureza econômica; o mesmo acontece como uma instalação industrial que paralisou suas atividades em função de um evento que tornou impossível a captação de água utilizada em sua produção. A reparação de tais danos se faz pela lei civil.

Os danos ambientais podem ser (a) *imediatos* ou (b) *futuros*. Os (a) danos imediatos são os que se manifestam tão logo um evento danoso tenha ocorrido, *e.g.*, lançamento de óleo ao mar, desmatamento. Os danos ambientais (b) futuros são os que se aperfeiçoam ao longo do tempo. Em geral são relacionados a substâncias tóxicas e/ou perigosas, mas não só. O fato que lhes deu origem teria ocorrido no passado, muito embora os seus efeitos deletérios não tenham se manifestado imediatamente. Pode ocorrer que, em determinadas situações, *e.g.*, acidentes radiológicos ou nucleares.[11] Um bom exemplo de dano futuro é o constante da Lei 14.226/2002 do Estado de Goiás que, em seus incisos I e II do § 2º do artigo 2º, determina o pagamento de pensão aos descendentes, até a 2ª geração, das vítimas do acidente radiológico com o Césio 137 ocorrido em Goiânia, no ano de 1987.

O STJ tem dado uma interpretação equivocada ao conceito de dano ambiental futuro ao decidir que "o dano ambiental futuro consiste em todos aqueles riscos ambientais que, por sua intolerabilidade, são considerados como ilícito, justificando a imposição de medidas preventivas".[12] Risco e dano não se confundem. O risco é a possibilidade de que um determinado evento venha a ocorrer; a dimensão do risco, isto é, a "chance" dele se transformar em um acidente ou fato negativo, é dada pela frequência com que ocorre em

---

10.   Lei 14.119/2021. Art. 2º.
11.   Os acidentes radiológicos resultam de uma inadequada manipulação de material radiológico ou radioativo. Já os acidentes nucleares são os que ocorrem em uma instalação nuclear.
12.   STJ. REsp: 1807443 RO 2019/0094996-7, Relator: Ministro Herman Benjamim, DJU: 18.03.2021.

situações semelhantes. O risco se mede por critérios estatísticos e científicos, mediante a adoção de um procedimento denominado análise de risco. O risco nem sempre se materializa em dano. Aliás, estatisticamente, os riscos que se materializam em danos são minoritários, pois inúmeras atividades de risco funcionam regularmente, sem que se transformem em fatos ou eventos danosos. As medidas preventivas são tomadas em função dos riscos, casos os danos futuros fossem uma certeza, a atividade não poderia ser autorizada a funcionar. A identificação de um risco não é equivalente a antecipação de um dano. É uma mera probabilidade estatística.

6.3.1.1.1 Presunção legal e presunção fática

A presunção jurídica é uma ficção normativa estabelecida para determinadas hipóteses, previstas em lei. O seu objetivo é resguardar valores fundamentais da ordem jurídica, *e.g.*, a legalidade dos atos administrativos em função da necessidade de que eles sejam válidos e eficazes. A morte é presumida nos casos em que alei autoriza a abertura de sucessão definitiva;[13] as declarações constantes de documentos assinados são presumidas verdadeiras em relação aos signatários.[14] A propriedade, até prova em contrário, presume-se plena.[15] Há hipóteses legais, nas quais a presunção é vedada, como é o caso da solidariedade que não se pode presumir.[16] As presunções são comuns no direito e possuem enorme importância, pois são instrumentos de garantia de segurança jurídica. No campo penal, a presunção de inocência é uma regra fundamental. A fraude é presumida quando a alienação ou oneração de bens ou rendas, por contribuinte em débito para com a Fazenda Pública relativamente a crédito tributário regularmente inscrito.[17] As licenças ambientais, por serem atos administrativos se beneficiam da presunção de legalidade.[18]

Caitlin Sampaio Mulholland indica que, em matéria ambiental, caso se admita que o dever de reparar o dano subsiste mesmo nas hipóteses em que ele tenha sido originado por caso fortuito, como no caso da Lei 6.453/1977, há uma

---

13. CCB, art. 6º.
14. CCB, art. 219.
15. CCB, art. 1.231.
16. CCB, art. 265.
17. Código Tributário Nacional, art. 185.
18. O licenciamento emitido pelo Poder Público local para a construção de edifício goza de presunção de legitimidade e veracidade. Por isso, esta Corte Superior não tem admitido a paralisação de obra autorizada pelo ente governamental competente para a emissão da licença ambiental, salvo quando existentes razões suficientes para tanto, como a desconformidade da construção com o projeto apresentado à autoridade pública, a ocorrência de ilegalidade no licenciamento ou a comprovação do potencial dano ao meio ambiente. STJ - REsp: 1451545 PR 2014/0100378-0, Relator: Ministro Og Fernandes, Data de Julgamento: 16.10.2014, 2ª Turma, DJe 27.06.2018.

presunção legal absoluta de causalidade (2009). Entretanto, a autora adverte que tal presunção "não é explicada normativamente como as demais. Isto é, não existe a afirmação de que se trata de presunção" (Mulholland, 2009, p. 199). Caitlin Mulholland sustenta que a PNMA também abriga uma presunção legal de causalidade, haja vista que, por força de tal lei, não se admitiria o caso fortuito como exclusão de responsabilidade. Entretanto, não custa recordar que a construção – como a própria autora admite – é meramente jurisprudencial, sendo duvidosa a imposição de responsabilidade sem origem legal clara.

As presunções legais são técnicas jurídicas que consideram certos fatos – reais ou não – como dados. A força das presunções é variável (Aubert, 1990), podendo ser (a) absolutas [iure et de iuris] ou (b) relativas [iuris tantum]. A presunção (a) absoluta não admite prova em contrário; e.g; os efeitos da revelia processual.[19] A presunção (b) relativa admite a produção de prova em contrário e, portanto, podem ser desconstituídas. As presunções, muitas vezes, "contradizem a realidade" (Aubert, 1990, p. 62), pois são essencialmente normativas.

O direito reconhece também as presunções de fato. O Código de Processo Civil, em seu artigo 374, dispensa de prova os fatos notórios.[20] As presunções de fato são meios de prova indireta. O exame de tal modalidade de prova está submetido à discricionariedade judicial, conforme o determinado pelos artigos 4º e 5º da LINDB combinados com o artigo 375 do CPC. No caso de acidentes de grande impacto ou danos ambientais de larga escala, parece ser razoável que o magistrado aceite algumas alegações fáticas apresentadas pelo autor/vítima, como ponto de partida para a discussão judicial. Note-se que não se trata de julgar procedente a demanda, por mera afirmação do Autor, mas de impor a inversão do ônus probatório, cabendo aos demandados desconstituírem as alegações contidas na inicial.

---

19. CPC, artigo Art. 344.
20. É fato notório (artigo 374, I, do CPC) que o tráfego de veículos com excesso de peso provoca sérios danos materiais às vias públicas, ocasionando definhamento da durabilidade e da vida útil da camada que reveste e dá estrutura ao pavimento e ao acostamento, o que resulta em buracos, fissuras, lombadas e depressões, imperfeições no escoamento da água, tudo a ampliar custos de manutenção e de recuperação, consumindo preciosos e escassos recursos públicos. Ademais, acelera a depreciação dos veículos que utilizam a malha viária, impactando, em particular, nas condições e desempenho do sistema de frenagem da frota do embarcador/expedidor. Mais inquietante, afeta as condições gerais de segurança das vias e estradas, o que aumenta o número de acidentes, inclusive fatais. Em consequência, provoca dano moral coletivo consistente no agravamento dos riscos à saúde e à segurança de todos, prejuízo esse atrelado igualmente à redução dos níveis de fluidez do tráfego e de conforto dos usuários. Assim, reconhecidos os danos materiais e morais coletivos (*an debeatur*), verifica-se a imprescindibilidade de devolução do feito ao juízo de origem para mensuração do quantum debeatur. STJ. REsp: 1642723 RS 2016/0308798-1, Relator Ministro Herman Benjamin, 2ª Turma, DJe 25.05.2020.

6.3.1.1.1.1 *Dano ambiental presumido*

A presunção de danos é sempre um tema polêmico, pois em princípio, os danos precisam ser provados, mesmo os danos ao meio ambiente, sejam eles próprios ou impróprios. A necessidade da prova da existência do dano é da essência do conceito de reparação e/ou responsabilidade. Conforme visto no item precedente, a presunção de fato tem por consequência jurídica a inversão do ônus da prova que se transfere do autor para o réu. Aqui não se trata, evidentemente, de produção de prova negativa ou diabólica.[21]

As atividades, projetos e empreendimentos que estão sujeitas ao licenciamento ambiental são *presumivelmente* danosas ao meio ambiente, conforme resulta claro da leitura do artigo 2º, I da Lei Complementar 140/2011, combinado com artigo 8º, I da Lei 6.938/1981 e artigo 1º, I da Resolução Conama 237/1997. O inciso IV do § 1º do artigo 225 da C.F. ao exigir os estudos prévios de impacto ambiental para "instalação de obra ou atividade potencialmente causadora de significativa degradação do meio ambiente" estabelece uma presunção absoluta que não pode ser afastada. É também presumido o dano às unidades de conservação, nas hipóteses de licenciamento ambiental de empreendimentos potencial ou efetivamente causadores de significativo impacto ambiental,[22] quando afetarem unidade de conservação específica ou sua zona de amortecimento.[23]

Os Tribunais brasileiros têm debatido muito a matéria, dando ênfase à necessidade de comprovação do dano, haja vista que, salvo determinação legal, não há que se falar em dano presumido, devendo a sua ocorrência ser comprovada *"Em regra, o descumprimento de norma administrativa não configura dano ambiental presumido"*.[24]

---

21. 8. Não se desconhece a existência do princípio da precaução, do seu corolário que é o in dubio pro natura e da inversão do ônus da prova. Mas todo o direito ambiental passa por um filtro constitucional que é o da proporcionalidade. Não se pode exigir que o cidadão produza prova impossível, diabólica. Ora, se um perito é incapaz de dizer que houve dano ambiental e afirma que não é possível concluir que tenha havido qualquer tipo de degradação ao meio ambiente, através de supressão de vegetação em áreas consideradas de preservação permanente, nem que tenha havido uso de fogo para limpar o local, como um cidadão produzirá a prova? 9. Em termos mais simples, o laudo pericial afirma que o local parece intacto, no entanto, obviamente, não é possível dizer se, em um passado longínquo, houve degradação. Ora, se o Estado falhou em sua função de fiscalizar tempestivamente e se, ao exercê-la, o local está ambientalmente adequado, não se pode exigir que o cidadão volte no tempo e prove o impossível. STJ. AREsp: 1708830 SC 2020/0129675-6, Relator: Ministro Napoleão Nunes Maia Filho, DJ 10.12.2020.
22. Constituição Federal, artigo 225, § 1º, IV.
23. Lei 9.985/2000. Art. 36, § 3º.
24. STJ. REsp 1.140.549/MG (2009/0175248-6), 2ª Turma, Rel. Min. Eliana Calmon.

6.3.1.2 Danos punitivos

O direito brasileiro não reconhece os chamados danos punitivos (*punitive damages*) cujo objetivo é estabelecer uma "pena" civil para o causador do dano, ou seja, impor a prestação de um valor que não está diretamente relacionado aos danos incorridos, mas que se vinculam a uma medida de precaução, com vistas a evitar que o agente reincida na prática danosa. A separação das esferas administrativa, civil e penal são obstáculos teóricos à imposição de danos punitivos. Todavia, a Lei 9.605/1998 abrandou tal separação, na medida em que autoriza ao juiz criminal a imposição de "penas civis".[25] Entretanto, o direito brasileiro reconhece os danos morais que têm servido como instrumento mais amplo para a imposição de "punições" aos causadores de danos a terceiros e ao meio ambiente, haja vista que a sua imposição não tem se limitado apenas às situações de sofrimento íntimo, admitindo-se inclusive o dano moral independentemente de prova.[26]

Os chamados danos punitivos têm origem no direito inglês – século XVIII –, tendo sido utilizado para os casos de danos extrapatrimoniais para os quais não havia um prejuízo material claro, cuja indenização, no entanto, se tornava necessária, dadas as circunstâncias do caso concreto (Rezende e Silva, 2016). Cuida-se de uma construção de *Tort Law*, essencialmente casuística, cujo entendimento "é largamente difundido", no sentido de que a sua finalidade não é "apenas a reparação ou compensação do dano ocorrido, mas também a prevenção de danos futuros" (Andrade, 2009, p. 177). Logo, a concepção de que a responsabilidade serve de elemento dissuasório para que o agente não cometa novos ilícitos da mesma natureza é "recorrente na doutrina e na jurisprudência".

O maior desenvolvimento dos danos punitivos ocorreu nos Estados Unidos, muito embora a fragmentação do direito em função da grande autonomia dos estados federados crie alguns problemas

Os danos punitivos[27] são concedidos em adição aos danos materiais e pessoais em determinadas circunstâncias. Eles são considerados como punição e usualmente são deferidos, a critério do juiz, sempre que a ação ou omissão do réu é tida como grave. Em relação à sua aplicação à responsabilidade civil, os tribunais o fazem quando o autor prove a culpa do réu ou quando o ilícito tenha sido praticado propositalmente.

---

25. Lei 9.605/1998. Art. 12.
26. "Se, por um lado, o dano moral coletivo não está relacionado a atributos da pessoa humana e se configura *in re ipsa*, dispensando a demonstração de prejuízos concretos ou de efetivo abalo moral, de outro, somente ficará caracterizado se ocorrer uma lesão a valores fundamentais da sociedade e se essa vulneração ocorrer de forma injusta e intolerável" (REsp 1.502.967/RS, rel. Ministra Nancy Andrighi, 3ª Turma, julgado em 07.08.2018, DJe 14.08.2018).
27. Disponível em: https://www.law.cornell.edu/wex/punitive_damages. Acesso em: 28 nov. 2023.

6.3.2 Dano ambiental quanto à sua recuperação

Embora o meio ambiente seja um valor altamente tutelado pela Constituição Federal, não há uma proibição de que ele seja utilizado para finalidades econômicas, limitando-se a Constituição a estabelecer um regime geral de cuidado.[28] A Carta Política tem, em relação ao ambiente, uma abordagem conservacionista, de forma que a utilização econômica do meio ambiente se faça sob regras que contemplam, em alguma medida, um equilíbrio entre o ambiente "sacrificado" em benefício das atividades econômicas e a "recuperação" dos danos sofridos. A discussão sobre o tema, naturalmente, é sobre valores e visões de mundo. Cuida-se, também, de perceber que o meio ambiente "natural", desde que presente o Humano, é sempre uma construção social e, portanto, a sua "recuperação" também o será.

A Constituição Federal, nos §§ 2º e 3º do artigo 225, estabelece a obrigação de recuperar os danos causados ao meio ambiente. Ocorre que eles, em sua essência são irrecuperáveis, pois, *e.g.*, uma árvore destruída será substituída por *outra* árvore, ainda que da mesma espécie. Um ser vivo não é igual a outro ser vivo. Cada um tem as suas particularidades. O bem ambiental é, portanto, essencialmente não fungível,[29] ainda que esteja classificado como recurso natural renovável.

Os danos ambientais são substancialmente irreparáveis (Mattietto, 2020) de forma que *a recuperação será sempre uma aproximação arbitrada pelos diferentes órgãos encarregados da proteção do meio ambiente*. A arbitragem dos órgãos ambientais, inclusive, define as alterações ambientais adversas que, por autorizadas, não se incluem no rol dos "danos ao ambiente". É a intervenção do Estado, no caso concreto, que marca a distinção entre o lícito e o ilícito ambiental. O artigo 24 do Decreto 6.514/2008[30] é um bom exemplo do que se fala; o ilícito não é "matar, perseguir, caçar" etc., mas a falta da "devida permissão, licença ou autorização da autoridade competente" ou, ainda, em desacordo com o alvará. Muito embora o ilícito administrativo esteja classificado como "infração contra a fauna", efetivamente, cuida-se de uma infração contra a administração ambiental, pois o bem jurídico tutelado é, claramente, a autoridade administrativa e o seu poder de gestão sobre a fauna.

O tema da recuperação dos danos ambientais é um "terreno delicado, de confronto entre a lógica jurídica e a lógica ecológica" (OST, 1997, p. 116).

---

28. CF, art. 170, VI.

29. CCB. Art. 85. São fungíveis os móveis que podem substituir-se por outros da mesma espécie, qualidade e quantidade.

30. Art. 24. Matar, perseguir, caçar, apanhar, coletar, utilizar espécimes da fauna silvestre, nativos ou em rota migratória, sem a devida permissão, licença ou autorização da autoridade competente, ou em desacordo com a obtida:

Para a lógica jurídica, o causador de um dano [prejuízo] deve ser condenado a indenizar a vítima, desde que presentes as seguintes condições: (a) uma ação ou omissão; (b) um prejuízo que deve ser certo, ainda que futuro e (c) uma relação de causalidade. Todas essas condições são problemáticas em matéria de dano ambiental. A responsabilidade ambiental, mesmo na condição objetiva, tem dificuldades em identificar o (a) nexo de causalidade, e, (b) sobretudo, a certeza do dano. A certeza do dano é fundamental para que ele possa ser reparado [recuperado], entretanto, o que é dano certo quando se fala em meio ambiente? Quem sabe quantos e quais são os microrganismos presentes em uma árvore derrubada?

A recuperação de danos ao meio ambiente é, portanto, carregada de simbolismos, sem os quais ela não poderia prosperar no mundo jurídico. Como foi bem assinalado por François Ost, o Homem "humaniza a terra", imprimindo-lhe a sua marca e reveste-a de símbolos que "a fazem falar uma linguagem para ele inteligível" (1997, p. 31).

A PNMA e a Lei 7.347/1985 nada determinam sobre a forma específica de reparação dos danos ao meio ambiente, de forma que há a necessidade de que se recorra a outras normas, com vistas a construir um caminho seguro para a reconstrução do ambiente lesado. O Código de Proteção e Defesa do Consumidor, em seu artigo 84, determina que nas ações que tenham por objeto o cumprimento da obrigação de fazer ou não fazer, o juiz quando da concessão da tutela específica deverá determinar providências "assegurem o resultado prático equivalente ao do adimplemento".

É importante ter em mente que, mesmo em matéria ambiental, o CCB desempenha importante papel quanto à imposição da obrigação de reparar o dano causado, em especial quando se impuser a cominação de indenização, haja vista a impossibilidade de recomposição do bem jurídico-ambiental lesado. Nesta hipótese, o artigo 994 determina que a "indenização mede-se pela extensão do dano". Aqui se está diante de uma questão que, certamente, ultrapassa os limites do puramente jurídico. Qual é a "extensão" do dano em Mariana, Brumadinho ou Maceió?

Registre-se que nem todos os danos ambientais são grandiosos ou capazes de gerar situações de impasse na ordem jurídica. Os danos ambientais ordinários, em geral, são de pequena monta e, portanto, podem ter soluções jurídicas que o ordenamento vigente atende sem maiores dificuldades.

O desastre ambiental gera um desastre jurídico, explode as costuras do sistema de responsabilidade civil que, no fundo, ainda é um sistema voltado para a proteção do indivíduo.

6.3.2.1 Compensação, mitigação e recuperação

A recuperação/restauração do meio ambiente degradado é, sobretudo, uma questão ética e de valores que gira em torno da atribuição de "valores intrínsecos" à natureza ou não (Elliot, 1997). Neste ponto cabe ressaltar que atribuir valores é tarefa humana (OST, 1997). A recuperação dos danos ao ambiente, em qualquer das múltiplas formas, é uma opção ética (Lourenço, 2019).

As questões éticas acabam tendo um reflexo econômico, no complexo tema relacionado à fixação de valores pecuniários para as hipóteses de impossibilidade de recomposição do ambiente. Conforme a observação de Lyssandro Norton Siqueira, a visão do meio ambiente como tendo um valor incalculável, pode acarretar a prática de impactos ambientais "sem o devido pagamento compensatório" (2017, 223). De fato, mesmo sem ser possível um "total valoração" do bem ambiental, não se pode deixar de registrar que "ele tem que ser valorado de alguma forma para que não seja considerado desprovido de valor" (Custódio, 2017, p. 78).

Evidentemente, não se trata do "pagar para poluir", mas de uma visão madura no sentido de que não se pode permitir atividades econômicas capazes de causar danos ao ambiente e ficar preso na armadilha do valor incalculável e não atribuir um valor monetário ao dano causado.

Compensação, mitigação e recuperação são formas de tentar, de alguma maneira, recompor o ambiente danificado pela ação humana. É uma busca pelo Santo Graal, pois recompor os elementos naturais de um ambiente danificado é, em sua essência, impossível. O quadro normativo reconhece tal impossibilidade, de forma muito clara.

A Lei do SNUC[31] define *recuperação* como a "restituição de um ecossistema ou de uma população silvestre degradada a uma condição não degradada, que pode ser diferente de sua condição original". A restauração é a restituição de um ecossistema ou de uma população silvestre degradada o mais próximo possível da sua condição original.[32]

Os conceitos foram reafirmados pelo Decreto 8.972/2017 que instituiu a Política Nacional de Recuperação da Vegetação Nativa que define recuperação ou recomposição da vegetação nativa (artigo 3º, VI) como a "restituição da cobertura vegetal nativa por meio de implantação de sistema agroflorestal, de reflorestamento, de regeneração natural da vegetação, de reabilitação ecológica e de restauração ecológica." São relevantes, também, os conceitos normativos de (a) *reabilitação ecológica* que é a intervenção humana planejada visando à melhoria das funções

---

31. Artigo 2º, XIII.
32. Artigo 2º, XIV.

de ecossistema degradado, ainda que não leve ao restabelecimento integral da composição, da estrutura e do funcionamento do ecossistema preexistente; (b) regeneração natural da vegetação que é o processo pelo qual espécies nativas se estabelecem em área alterada ou degradada a ser recuperada ou em recuperação, sem que este processo tenha ocorrido deliberadamente por meio de intervenção humana; e (c) restauração ecológica que é a intervenção humana intencional em ecossistemas alterados ou degradados para desencadear, facilitar ou acelerar o processo natural de sucessão ecológica.

A *regeneração natural* da vegetação é o processo pelo qual espécies nativas se estabelecem em área alterada ou degradada a ser recuperada ou em recuperação, sem que este processo tenha ocorrido deliberadamente por meio de intervenção humana.

A *reparação por dano ambiental* é o conjunto de soluções adotadas para a restituição do meio ambiente ecologicamente equilibrado, *previamente acordadas na esfera administrativa*, por meio de ações que visam a recuperação ou reabilitação dos atributos ambientais lesados para um estado não degradado e/ ou, ainda, sua compensação ecológica, econômica ou financeira. Ela pode ser (a) direta que são as soluções adotadas in situ pelo administrado para fins de reparação pelo dano ambiental causado, ou (b) indireta que são as soluções adotadas ex situ pelo administrado para fins de reparação pelo dano ambiental causado (Portaria IBAMA 118/20222).

A compensação se divide em (a) *econômica ou financeira* que é a solução excepcional acordada administrativamente, resultado da valoração econômica ambiental, para fins de reparação indireta pelo dano ambiental por equivalente econômico, uma vez constatada a impossibilidade de proceder a restituição in natura do atributo ambiental lesado ou a sua compensação ecológica (Portaria IBAMA 115/2022) e (b) *compensação ecológica* que é a solução acordada administrativamente, para fins de reparação indireta pelo dano ou de compensação pelo impacto ambiental, por meio de projeto ambiental voltado para a preservação ou restituição de atributo ambiental equivalente, sob o ponto de vista socioecológico. (Portaria IBAMA 115 e 118/2022).

É bastante claro que o conceito geral de recuperação ambiental não está vinculado, necessariamente, ao seu retorno ao estado que ostentava antes do ato danoso. Isto é uma decorrência de uma constatação óbvia da impossibilidade de retorno aquele estado. Vários fatores contribuem para isto, sejam eles (a) ecológicos ou mesmo (b) econômicos.

Por fim, cabe acrescentar que "o dano deve ser considerado reparado *in integrum* quando *in casu* o objetivo que a norma violada protege esteja de novo assegurado" (Silva, 2006, p. 191).

6.3.2.1.1 Críticas aos conceitos normativos

Dano ambiental e poluição são conceitos normativos; logo, a recuperação/ restauração também é uma construção normativa. Veja-se que o chamado princípio da proporcionalidade funciona como um mecanismo de diminuição de custos do responsável pelo dano ambiental.

> É de resto esse o sentido que assume, no sistema geral de responsabilidade civil, ao fundamentar a exclusão da restauração natural quando seja excessivamente onerosa para o devedor (Sendim, 1998, p. 224).

Antônio Herman V. Benjamin, em conhecido trabalho, reconhece as dificuldades de reparação dos danos ao meio ambiente, haja vista que o direito ambiental não conseguiu "superar um obstáculo, até hoje intransponível: nem sempre o dano ambiental é reparável" (1993, p. 235). Assim, "não se trata, por isso, (...) de repor o estado material do bem natural que existia antes do dano" (Silva, 2005, p. 191).

Apesar da constatação de que, salvo nos casos de danos ambientais de pequena monta, a recuperação de danos ao ambiente é uma impossibilidade, há autores e a própria jurisprudência do STJ, que se apegam à tese da recuperação integral do meio ambiente.

Hortênsia Gomes Pinho (2010) contesta o arcabouço infraconstitucional, acoimando de inconstitucional o inciso VIII do artigo 2º da Lei do SNUC,

> por afrontar os princípios da reparação integral do dano, do poluído pagador, da prevenção e da precaução, e violar o direito e o dever fundamental à qualidade ambiental, que exige que o poder público zele pela manutenção da diversidade e integridade do patrimônio genético do País. (2010, p. 380).

A jurisprudência tem afirmado o princípio da reparação integral, muito embora demonstre ambiguidade na matéria, pois admite a impossibilidade de retorno ao *status quo ante*.[33] A impossibilidade de retorno tem vários motivos, e.g., (a) desconhecimento das condições ambientais *antes do dano*; (b) natureza dos bens atingidos (flora, fauna). Dessa forma, a reconstituição será sempre o resultado de uma convenção entre os órgãos ambientais, Poder Judiciário, Ministério Público, autor do dano e a sociedade. Esta convenção definirá o nível desejável socialmente para a reconstituição do bem lesado. A indenização, condenação em dinheiro, é parte da convenção e tem previsão legal.[34] De fato, a imposição

---

33. STJ. REsp: 1145083 MG 2009/0115262-9, Relator: Ministro Herman Benjamin, Julgamento: 27.09.2011, 2ª Turma, Publicação: DJe 04.09.2012.
34. Lei 6.938/1981. Art. 4º, VII.

da obrigação de recuperar o dano, segundo o entendimento do órgão ambiental, não exclui a possibilidade de indenização haja vista que a norma aplicável fala em "recuperar e/ou indenizar os danos causados". É o caso concreto que determinará a possibilidade de cumular ambas as obrigações. A questão está pacificada no âmbito do STJ pela súmula 629.[35]

6.3.3 Dano moral ambiental

A C.F assegura a proteção dos direitos da personalidade, assegurando a indenização por danos morais sofridos.[36] O CDC estabelece como um dos *direitos básicos* do consumidor a "efetiva prevenção e reparação de danos patrimoniais e morais, individuais, coletivos e difusos".[37] Por sua vez, a Lei da ACP reconhece a existência dos danos morais ambientais.[38]

O dano moral ambiental integra a categoria dos danos difusos e coletivos, tendo uma abrangência bastante ampla, pois abarca tanto a lesão a interesses difusos, quanto a lesão a interesses transindividuais indivisíveis. O dano moral ambiental pode ser dividido em duas grandes categorias: a (a) primeira tem natureza puramente normativa, pois não tem uma vítima claramente identificada; vale acrescentar a observação de André Gustavo de Andrade no sentido de que "[o] direito ao meio ambiente saudável e equilibrado deve ser reconhecido como integrante da personalidade humana por ser essencial ao seu pleno desenvolvimento" (Andrade, 2009, p. 61). O caráter normativo de tal modalidade de dano moral ambiental pode ser identificado nas condenações por dano moral. A compreensão que o STJ[39] vem dando à matéria, claramente, indica um caráter punitivo/normativo do dano moral ambiental, conforme se pode constatar do seguinte trecho:

> VIII. Afirmou o Tribunal de origem, ainda, que o reconhecimento do dano moral exige ilícito que venha a "causar intranquilidade social ou alterações relevantes à coletividade local". Contra essa compreensão, tem-se entendido no STJ – quanto às lesões extrapatrimoniais em geral – que "é remansosa a jurisprudência deste Tribunal Superior no sentido de que o dano moral coletivo é aferível *in re ipsa*, dispensando a demonstração de prejuízos concretos e de aspectos de ordem subjetiva. O referido dano será decorrente do próprio fato apontado como violador dos direitos coletivos e difusos, por essência, de natureza extrapatrimonial, sendo o fato, por si mesmo, passível de avaliação objetiva quanto a ter ou não aptidão para

---

35. Quanto ao dano ambiental, é admitida a condenação do réu à obrigação de fazer ou à de não fazer cumulada com a de indenizar.
36. CF Art. 5º, V e X.
37. CDC Art. 6º, VI.
38. ACP Art. 1º, I.
39. Resp 198978/MT. Relatora: Ministra Assusete Magalhães. 2ª Turma. Julgamento: 19.09.2023. DJe 22.09.2023.

caracterizar o prejuízo moral coletivo, este sim nitidamente subjetivo e insindicável" (EREsp 1.342.846/RS, Rel. Ministro Raul Araújo, Corte Especial, DJe de 03.08.2021). IX. Segundo essa orientação, a finalidade do instituto é viabilizar a tutela de direitos insuscetíveis de apreciação econômica, cuja violação não se pode deixar sem resposta do Judiciário, ainda quando não produzam desdobramentos de ordem material. Por isso, quanto aos danos morais ambientais, a jurisprudência adota posição semelhante: "No caso, o dano moral coletivo surge diretamente da ofensa ao direito ao meio ambiente equilibrado. Em determinadas hipóteses, reconhece-se que o dano moral decorre da simples violação do bem jurídico tutelado, sendo configurado pela ofensa aos valores da pessoa humana. Prescinde-se, no caso, da dor ou padecimento (que são consequência ou resultado da violação)" (STJ, REsp 1.410.698/MG, Rel. Ministro Humberto Martins, Segunda Turma, DJe de 30.06.2015).

Há, por outro lado, o dano moral ambiental que (b) decorre de um fato que abale a credibilidade ou a imagem de uma pessoa jurídica de direito público ou direito privado. Cogite-se da hipótese de uma grande poluição marítima que atinja as praias de uma cidade litorânea e com grande atividade turística. Os prejuízos materiais decorrentes da redução do número de turistas são evidentes e podem ser provados sem muita dificuldade. Os lucros cessantes também. O abalo da credibilidade da região como propícia ao turismo, certamente é um dano moral indenizável.

Não há dúvida de que, em análise casuística, é ampla a possibilidade de que acidentes ambientais possam, de fato, acarretar dano moral para terceiros. Sérgio Cavalieri Filho observa, com propriedade, que no caso dos danos coletivos e difusos, "a indenização punitiva tem por fundamento a gravidade do dano e não da culpa do ofensor" (2023 p. 125).

6.3.4 Danos em larga escala e ecocídio

Danos ambientais em larga escala são os danos ambientais cujas dimensões ultrapassam os limites do que é recuperável pela intervenção natural ou humana, pelo menos em um intervalo curto e/ou médio de tempo. São danos persistentes por muitos anos, décadas.

São os danos que ultrapassam as fronteiras do direito, em especial da responsabilidade civil, e, portanto, são essencialmente irrecuperáveis. Também na esfera do direito penal, os danos em larga escala acarretam inúmeras dificuldades para a sua punição. O direito, em sua estrutura fundamentalmente individualista, trata os danos ambientais em larga escala como se fossem somatórios de danos singulares. Assim, se perde a noção de conjunto e o dano em larga escala é fragmentado em milhares de danos que não se comunicam e, portanto, passam a ser quantificados como se singulares fossem. Aqui se percebe a força do modelo individualista e fragmentário de responsabilidade civil ambiental.

A destruição de uma localidade pelo rompimento de uma barragem, ou pela explosão de um oleoduto, é considerada como a perda de um determinado número de casas, de propriedades, de vidas humanas e animal, desconsiderando o aspecto intangível e único da comunidade destruída. O *conjunto* se dissolve no somatório de perdas individuais. Instala-se o caos judiciário como expressão e reflexo do caos criado no território. A profusão de demandas individuais, ou mesmo de múltiplas ações civis públicas, transformam o ambiente judiciário em uma terra arrasada simbólica que reflete o mundo real. Assim como o ambiente se tornou irrecuperável, o ambiente judiciário se torna inadministrável.[40]

O direito penal é, ainda, mais fraco do que a responsabilidade civil para cuidar dos danos ambientais em larga escala, sendo pouquíssimas as condenações criminais por danos ambientais, pois a natureza individualista do direito é levada ao extremo no direito penal. A própria responsabilização criminal das pessoas jurídicas que é tema antigo no direito de *common law*, é controversa no Brasil, muito embora tenha previsão constitucional [art. 173, § 5º].

Foi na década de 70 do século XX que o Professor Arthur W. Galston lançou o termo "ecocídio" como forma de qualificar juridicamente os danos ambientais em larga escala. Na Conferência de Estocolmo em 1972, o termo ecocídio foi utilizado pelo então 1º Ministro da Suécia, Olaf Palme. Em 2021, uma comissão de juristas propôs que o crime de ecocídio fosse acrescentado às competências do TPI, definindo ecocídio como "atos ilegais ou arbitrários cometidos com conhecimento de que existe uma probabilidade substancial de danos graves e generalizados ou de longo prazo ao meio ambiente sendo causado por esses atos". (1) *Arbitrário*, nos termos da proposta significa com desrespeito imprudente por danos que seriam claramente excessivos em relação aos benefícios sociais e econômicos esperados; (2) *grave* é o dano que envolve alterações adversas muito graves, interrupção ou dano a qualquer elemento do meio ambiente, incluindo graves impactos na vida humana ou natural, recursos culturais ou econômicos; (3) *generalizado* é dano que se estende além de uma área geográfica limitada, atravessa limites do estado, ou é sofrido por todo um ecossistema ou espécie ou um grande número de seres humanos; (4) *longo prazo* significa danos irreversíveis

---

40. De acordo com os dados do TJ-MG, o desastre de Mariana gerou um número de 82,3 mil ações, das quais 27 mil foram julgadas com tempo médio de 414 dias para a decisão. No setor pré-processual (Cejusc), implementado no segundo semestre de 2017, já foram celebrados 47,5 mil acordos e resolvidos 31,7 mil casos, todos pagos na comarca de Governador Valadares. No entanto, em relação ao fornecimento de água, 43,7 mil ações foram sobrestadas por decisão em Incidente de Resolução de Demandas Repetitivas (IRDR), que foram decididas, mas estão em grau recursal, mantendo-se a suspensão das ações. Disponível em: https://www.conjur.com.br/2019-dez-11/rompimentos-barragens-geraram-84-mil-acoes-tj-mg. Acesso em: 06 abr. 2023.

ou que não podem ser reparados através de recuperação natural dentro de um período de tempo razoável; e (5) *ambiente* significa a Terra, sua biosfera, criosfera, litosfera, hidrosfera e atmosfera, bem como o espaço sideral. A definição, no ambito civil, se encaixa perfeitamente nos casos mencionados no item (1) deste capítulo. Dificilmente, o Estauto do TPI será alterado nos próximos anos para a inclusão do crime de ecocídio em suas competências.

Há um número crescente de países que incorporaram, ao seu direito interno, o crime de ecocídio. A França, em 2021, promoveu alteração em seu código ambiental para incluir nele o ecocídio [Artigo L 231 – 3], mantendo em linhas gerais as definições propostas para o Estatuto de Roma. O crime de ecocídio consta da legislação de vários países originários da ex-União Soviética, tais como a Federação Russa, o Cazaquistão, o Quirguistão, o Tajiquistão, a Geórgia, a Belarus, a Ucrânia, a Moldávia e a Armênia. Chama a atenção o fato de que todos esses países sofreram danos ambientais em larga escala causados pelo modelo produtivista soviético.

Os danos ambientais em larga escala, basicamente, possuem a mesma definição que o crime de ecocídio, aplicada ao campo civil. A importância da definição de ecocídio está no fato de que ela trata o dano ambiental de arga escala como um evento unitário e não como o somatório de pequenos ilícitos. Isto ocorre, essencialmente, com os desastres que são os resultados de eventos adversos, naturais ou provocados pelo homem, sobre um ecossistema vulnerável, causando danos humanos, materiais e ambientais e consequentes prejuízos econômicos e sociais (BRASIL, 2007). O CCB fala em proporção entre o dano e o valor indenizatório, podendo o juiz "reduzir, equitativamente, a indenização" (art. 944, parágrafo único). Em caso de desastres, parece evidente que a fixação de um valor indenizatório é tarefa complicada e mais complicada, ainda, é a definição do que se pode entender como proporcional, para fins indenizatórios. Tome-se, como exemplo, as chuvas torrenciais no ano de 2011 na Região Serrana do Estado do Rio de Janeiro.

> As inundações e deslizamentos da Região Serrana do Rio de Janeiro em janeiro de 2011 ficaram conhecidos como o pior desastre brasileiro em termos de danos humanos, mas as perdas e danos econômicos também foram significativos, com implicações relevantes sobre a qualidade de vida dos sobreviventes e para a atividade econômica na região, que mais de um ano depois ainda está longe de recuperar seu status pré-desastre.
>
> As perdas e danos totais foram estimados em R$ 4.8 bilhões, valor que, no entanto, omite impactos relevantes em setores como o da educação e o da saúde, que não puderam ser considerados em função da indisponibilidade de informações detalhadas. Dos custos totais, R$ 2.2 bilhões (46%) correspondem aos danos, custos diretos das inundações e deslizamentos. Por sua vez, as perdas (custos indiretos do desastre) foram estimadas em R$ 2.6 bilhões (54% dos custos totais). (BANCO MUNDIAL, 2012, p. 21).

A atribuição de responsabilidade pelos danos às chuvas é um equívoco conveniente, pois oculta a incúria administrativa e o desinteresse em fazer cumprir as leis de proteção ao meio ambiente e à vida humana, com a irresponsável permissão tácita para a ocupação de áreas de risco. As chuvas, certamente, foram um fator essencial para os acontecimentos, mas as consequências partiram de uma organização social do território.

6.3.5 A reparação do dano ambiental

Um dos temas mais complexos em matéria de RCDA é a reparação dos danos ambientais próprios ou ecológicos. Muita tinta já se gastou sobre a questão e, ainda, estamos longe de encontrar uma solução consensual para o assunto.

O direito trata normativamente o dano ambiental, dando soluções normativas para a recuperação. O objetivo perseguido é o restabelecimento das condições ambientais danificadas – atenção, pois o retorno que o direito busca não é a volta a um estado idílico do meio ambiente, mas a uma condição, a mais próxima possível, preexistente ao dano -, hipótese na qual o direito define um padrão a ser considerado como reparação o dano. Em tais circunstâncias, o § 3º do art. 225 da C.F deve ser compreendido dentro do contexto social, cultural e político que define o que se deve entender por reparação dos danos ao meio ambiente. Como se sabe, o dispositivo constitucional aponta a existência de tríplice responsabilidade, administrativa, civil e penal. As sanções penais e administrativas têm a característica de um castigo que é imposto ao poluidor. Já a reparação do dano reveste-se de um caráter diverso, pois através dela busca-se uma recomposição do que foi danificado, quando possível. Relembre-se de que o direito brasileiro não reconhece os chamados "danos punitivos", muito embora, os danos morais coletivos venham exercendo função assemelhada.

Há que se observar que a Lei 9.605/1998 faz uma mistura desnecessária entre reparação civil e pena, pois em seu artigo 12 estabelece que a "prestação pecuniária",[41] em valor "não inferior a um salário-mínimo nem superior a trezentos e sessenta salários-mínimos", será deduzida do "montante de eventual reparação civil a que for condenado o infrator."

A grande dificuldade, evidentemente, não está nas sanções penais e administrativas, mas na *obrigação de reparar o dano*. Em que consiste tal obrigação? A prática judicial brasileira ainda não nos oferece uma resposta segura.

---

41. Equivocadamente denominada como pena restritiva de direito (art. 8º, IV).

6.3.5.1 A apuração do dano ambiental

Apesar dos rios de tinta gastos sobre a matéria, repita-se, a realidade é que, até hoje, não existe um critério para a fixação do que, efetivamente, constitui o dano ambiental e como este deve ser reparado. A primeira hipótese a ser considerada é a da *repristinação* do ambiente agredido ao seu *status quo ante. Isto, no entanto, não se confunde com um conceito naturalístico, mas é uma definição normativa. A recuperação é o que o órgão ambiental diz que é.* Ela pode ser obtida por meio de (1) intervenção humana ou por (2) regeneração natural. Contudo, nem sempre se pode garantir que a regeneração ocorrerá. É o caso, por exemplo, de extinções de espécies como externalidade de danos ambientais. Em tais circunstâncias, o direito prevê medidas compensatórias.

A compensação é aplicável aos danos ambientais próprios irrecuperáveis, isto é, aqueles que não podem ser reparados. Tendo em vista os danos ambientais irreparáveis, cometidos contra espécies ameaçadas de extinção, a Lei 9.605/1998 estabelece tutela especial, conforme o disposto nos artigos 29, 36, 40 e 53, por exemplo. Da mesma formal, a LMA também protege espécies ameaçadas de extinção, e.g., artigos 11, I, *a* e parágrafo único; art. 33, § 1º, II dentre outros. Veja-se que o conceito de espécie ameaçada de extinção é normativo, pois o que o direito exige é que a espécie ameaçada de extinção esteja presente em listas vermelhas oficialmente reconhecidas por órgãos públicos de qualquer nível de governo. Atente-se para o fato de que uma espécie mesmo que, de fato, esteja ameaçada e não se encontre arrolada em uma lista vermelha, não será merecedora de proteção legal. A elaboração de listas vermelhas é uma tarefa complexa e cara, pois exige estudos e avaliações permanentes, de longa duração e cuidadosos.

A compensação ambiental encontra base legal na Lei do SNUC,[42] sendo prevista para as hipóteses de licenciamento ambiental para a implantação de empreendimento ou atividade de significativo impacto ambiental, "assim considerado assim considerado pelo órgão ambiental competente, com fundamento em estudo de impacto ambiental e respectivo relatório – EIA/RIMA".[43] A matéria foi questionada judicialmente pela ADI 3.378, relatada pelo Ministro Carlos Britto aos 09.04.2008.[44] Contra a decisão foram interpostos embargos de

---

42. O melhor e mais amplo trabalho sobre a matéria é BECHARA, 2009.
43. Lei 9.985/2000, art. 36.
44. STF – ADI 3378. Tribunal Pleno. Relator Min. Carlos Britto. Julgamento 09.04.2008. Ação Direta de Inconstitucionalidade. Art. 36 E SEUS §§ 1º, 2º e 3º da Lei 9.985, de 18 de julho de 2000. Constitucionalidade da *compensação* devida pela implantação de empreendimentos de significativo impacto *ambiental*. Inconstitucionalidade parcial do § 1º do ART. 36. 1. O compartilhamento-*compensação ambiental* de que trata o art. 36 da Lei 9.985/2000 não ofende o princípio da legalidade, dado haver sido a própria lei que previu o modo de financiamento dos gastos com as unidades de conservação da natureza. De igual forma, não há violação ao princípio da separação dos Poderes, por não se tratar de delegação do Poder

declaração (ADI 3378 ED[45]) que levaram incríveis 14 anos para serem julgados! Consolidou-se a compensação em nível federal no valor máximo de 0,5 % (meio por cento) do valor do investimento. Mas, atenção. O valor do investimento a ser considerado é o da fase que esteja efetivamente sendo licenciada e projetada para construção. Muitos empreendimentos obtêm licença prévia para o projeto inteiro e requerem licenças de instalação para etapas. A compensação a ser exigida deve corresponder à etapa a ser implantada.

O CNJ[46] promoveu audiência pública com vistas a definir critérios a serem empregados para a apuração dos valores dos danos ao meio ambiente. O MPF tem

---

Legislativo para o Executivo impor deveres aos administrados. 2. Compete ao órgão licenciador fixar o quantum da *compensação*, de acordo com a compostura do impacto *ambiental* a ser dimensionado no relatório – EIA/RIMA. 3. O art. 36 da Lei 9.985/2000 densifica o princípio usuário-pagador, este a significar um mecanismo de assunção partilhada da responsabilidade social pelos custos ambientais derivados da atividade econômica. 4. Inexistente desrespeito ao postulado da razoabilidade. *Compensação ambiental* que se revela como instrumento adequado à defesa e preservação do meio ambiente para as presentes e futuras gerações, não havendo outro meio eficaz para atingir essa finalidade constitucional. Medida amplamente compensada pelos benefícios que sempre resultam de um meio ambiente ecologicamente garantido em sua higidez. 5. Inconstitucionalidade da expressão "não pode ser inferior a meio por cento dos custos totais previstos para a implantação do empreendimento", no § 1º do art. 36 da Lei 9.985/2000. O valor da *compensação*-compartilhamento é de ser fixado proporcionalmente ao impacto *ambiental*, após estudo em que se assegurem o contraditório e a ampla defesa. Prescindibilidade da fixação de percentual sobre os custos do empreendimento. 6. Ação parcialmente procedente.

45. ADI 3378 ED. Tribunal Pleno. Relator Ministro Roberto Barroso. Julgamento: 21.02.2022. Ementa: Direito constitucional e ambiental. Ação direta de inconstitucionalidade. Embargos de declaração. *Compensação ambiental*. Inconstitucionalidade parcial do art. 36, § 1º, da Lei 9.885/2000. Modulação dos efeitos da decisão. Provimento parcial. 1. Ação direta contra o art. 36 da Lei 9.985/2000, que disciplina a *compensação* devida pela implantação de empreendimentos de significativo impacto *ambiental*. 2. Acórdão que julgou parcialmente procedente o pedido para declarar a inconstitucionalidade da expressão "não pode ser inferior a meio por cento dos custos totais previstos para a implantação do empreendimento", prevista no art. 36, § 1º, do referido diploma legal, por afronta aos princípios da razoabilidade e da proporcionalidade. 3. Embargos de declaração em que se requer: (i) que a Corte explicite que a expressão "custos totais previstos para a implantação do empreendimento" permanece como base de cálculo possível para o cálculo das *compensações ambientais* e que admita a fixação de percentuais como mecanismo de mensuração dos valores a título de *compensação ambiental*; e (ii) a modulação dos efeitos da decisão, à luz do princípio da segurança jurídica, a fim de assegurar a estabilidade dos licenciamentos concluídos sob a égide do dispositivo parcialmente declarado inconstitucional. 4. Não há obscuridade quanto à fixação da base de cálculo e dos percentuais de *compensação ambiental*. Não cabe à Corte fixar os critérios objetivos para o cálculo da *compensação ambiental* da Lei do SNUC. Esse papel foi atribuído aos poderes democraticamente eleitos, observada a premissa constitucional estabelecida no acórdão. 5. Modulação dos efeitos da decisão. A declaração de nulidade do dispositivo ora impugnado acarretaria enorme insegurança jurídica, com potencial de refazimento de milhares de atos administrativos consolidados no tempo e de ampla litigiosidade nas instâncias ordinárias. O Estado brasileiro tem como característica marcante a inconstância e a imprevisibilidade. Nesse quadro, recalcular o montante destinado por particulares à *compensação ambiental* da Lei do Sistema Nacional de Unidades de Conservação – SNUC agravaria esse indesejável cenário. 6. Embargos parcialmente providos, apenas para reconhecer a validade dos atos administrativos destinados à apuração do valor devido a título de *compensação ambiental*, editados com fundamento no art. 36, § 1º, da Lei 9.985/2000 entre 19.07.2000 e 15.04.2008.

46. Disponível em: https://www.cnj.jus.br/audiencia-publica-discute-instrumentos-para-mensurar-danos-ambientais/. Acesso em: 22 jan. 2023.

adotado alguns critérios para a valoração dos danos ambientais (Araujo, 2011), O CNMP tem reconhecido alguns critérios formulados por Ministérios Públicos estaduais;[47] da mesma forma algumas agências ambientais têm se utilizado de critérios para o cálculo do valor dos danos ambientais.[48] A questão não é simples, pois muitos bens não possuem valor de comercialização, mas possuem valor de uso que não é monetizado. A definição de tais valores é, evidentemente, uma opção política, pois bens que não possuem circulação comercial são de difícil atribuição de valor econômico.[49]

6.3.5.2 *Recuperação natural e proporcionalidade*

A recuperação (restauração) natural é a primeira providência a ser adotada para as hipóteses de danos ambientais próprios ou ecológicos. No regime legal brasileiro, tendo em vista o artigo 2º, I da PNMA c/c o caput do art. 225 da CF, a medida é essencialmente administrativa, não se encaixado totalmente no conceito de RCDA que, em essência, ante a tríplice responsabilidade ambiental existente em nosso ordenamento jurídico, está mais voltada para a reparação de danos ambientais impróprios. De fato, o regime adotado em nosso País tende a aproximar as diferentes formas de responsabilidade, gerando um regime híbrido que embaralha os diversos regimes de apuração de responsabilidade e de recuperação dos danos causados ao ambiente. A judicialização das questões relativas à recuperação de danos ambientais tem acarretado que as normas de responsabilidade civil absorvam aquelas de responsabilidade administrativa, acarretando uma objetivação da responsabilidade administrativa. Como medida administrativa, a incidência das normas contidas no artigo 37 da C.F se faz mandatória. Ainda que não seja um princípio explícito, a proporcionalidade da ação administrativa é um imperativo de ordem constitucional em um Estado Democrático de Direito. Observe-se que, mesmo em tema de recuperação ambiental, a proporcionalidade é essencial, sob pena de que o órgão de controle ambiental exija do causador do dano que este proceda a uma reparação que financeiramente seja excessiva.[50]

---

47. Disponível em: https://www.cnmp.mp.br/portal/images/CMA/valoracao/NOTA_TECNICA__Valoracao_de_Dano_Ambiental__Versao_I__1_.pdf. Acesso em: 22 jan. 2023.
48. IBAMA. Portaria 83, de 13 de setembro de 2022, por exemplo.
49. Para uma ampla discussão ética da questão ver: Lourenço, 2019.
50. 1. Hipótese em que se trata de ação civil pública a respeito de edificação às margens do Rio Sertão em Florianópolis/SC. 2. A prova presente nos autos demonstrou que já havia ocorrido intensa urbanização da área anteriormente à construção do imóvel. 3. A edificação somente foi iniciada após a concessão de Alvará de Licença da Prefeitura para a construção, a qual, como documento emitido pelo próprio poder público, corrobora a aparência de regularidade da obra ao particular. 4. Hipótese em que a região permanece uma área urbana intensamente desenvolvida. Em todo o entorno, o local está povoado, com a grande descaracterização do ambiente já existente há anos, com outros imóveis em situação semelhante na vizinhança. 5. A proteção ambiental deve ser aplicada com razoabilidade,

quanto ao particular, veja-se a lição de José de Sousa Cunhal Sendin (1998) no sentido de que o princípio da proporcionalidade é uma primeira diretriz capaz de limitar a margem de discricionariedade do intérprete-aplicador na concretização da restauração natural.

O consagrado jurista português prossegue:

> Ao recorrer à ideia de proporcionalidade (em sentido estrito) tem-se procurado acentuar a operatividade de tal princípio como *limite* da restauração natural – i.e., como fundamento da exclusão de tal modo de reparação do dano ao património natural (*nota suprimida*). É de resto esse o sentido que assume, no sistema geral de responsabilidade civil, ao fundamentar a *exclusão* da restauração natural quando seja excessivamente onerosa para o devedor (cfr. arts. 566º, n. 1, e 829º, n. 2, ambos do CC) (*nota suprimida*), sendo até de recordar que algumas normas de imputação de danos ambientais – como por exemplo o § 16 da UmUG – regulamentam indirectamente a questão da proporcionalidade das despesas realizadas com a restauração natural, através da remissão para a norma geral do sistema – no caso o § 251/2 do BGB – prevendo, embora, uma ponderação específica adequada aos danos ecológicos (*nota suprimida*)". (Sendim, 1998. p. 224).

O princípio da proporcionalidade, ao que parece, é presente na PNMA, pois ela é explícita em seu artigo 2º ao estabelecer a necessidade da compatibilização entre a proteção ambiental e o desenvolvimento econômico. Cuida-se, portanto, de um conceito jurídico e não de fato. É certo que a proporcionalidade guarda, em si, um determinado nível de abstração e discricionariedade – no que não difere de tantos outros conceitos e princípios jurídicos –, isto, no entanto, não é motivo para a sua não observância. A propósito, o STF tem entendimento no sentido de que: "[r]eputa-se violado o princípio da proporcionalidade quando não se observar a necessidade concreta da norma para tutelar o bem jurídico a que se destina"[51] No

---

razão pela qual a demolição integral da edificação, no caso concreto, é medida a ser afastada, uma vez que desproporcional. 6. As restrições à construção em áreas de preservação permanente, localizadas em zonas urbanas consolidadas e antropizadas, nas quais a recuperação integral do meio ambiente ao seu estado natural mostra-se inviável, são passíveis de mitigação. 7. A recuperação in natura do dano ambiental é preferível à compensação financeira – quando esta mostrar-se possível e suficiente à reparação do dano causado ao meio ambiente. 8. A circunstância de já ter havido alteração das características originais da área há décadas (segundo consta da perícia, cerca de 20 anos antes da edificação), inclusive com autorização da Prefeitura, torna desarrazoada a condenação ao pagamento de indenização no valor de R$ 500.000,00, especialmente em face da existência, nos entornos da edificação, de infraestrutura urbana. 9. Condenação da parte ré proceder à elaboração e à implantação de PRAD em sua área de estacionamento, mitigando, assim, os danos advindos da ausência de vegetação, da impermeabilização do solo, e, portanto, da erosão das margens do rio, dos prejuízos à fauna e ao volume do aquífero freático. 10. Tendo em vista tratar-se de área com ocupação consolidada e cujos impactos negativos ao meio ambiente serão mitigados por recuperação in natura, não há como exigir da parte o pagamento de vultosa indenização em razão de construção que era legal à época. TRF-4. AC: 50194844120134047200 SC 5019484-41.2013.4.04.7200, Relator: Vânia Hack de Almeida., Data de Julgamento: 02.03.2021, 3ª Turma.

51. STF. ADI: 4911 DF, Relator: Edson Fachin, Tribunal Pleno, Publicação: 03.12.2020.

mesmo sentido está a 4ª Turma do STJ, "[d]essa forma, impõe-se a manutenção do montante indenizatório, a fim de atender aos princípios da proporcionalidade e da razoabilidade, evitando o indesejado enriquecimento sem causa da autora da ação indenizatória, sem, contudo, ignorar o caráter preventivo e pedagógico inerente ao instituto da responsabilidade civil".[52]

A propósito, registre-se que o STJ tem, tranquilamente, acolhido a prevalência do princípio da proporcionalidade em matéria de recuperação de danos ambientais (ecológicos).

> No caso em comento, o acórdão recorrido, muito embora reconheça que o Termo de Ajustamento de Conduta, firmado entre as partes, não atende, integralmente, à legislação ambiental, à luz da peculiaridade da demanda concluiu pela impossibilidade de restauração da vegetação original, tendo em vista tratar-se de trecho totalmente urbanizado. Assim, concluiu pela razoabilidade do acordo firmado no TAC em discussão. V. Nesse contexto, o Tribunal de origem, com base na apreciação do conjunto probatório dos autos, reconheceu que 'o mapeamento e as fotografias inseridas no projeto técnico de compensação ambiental retratam a existência de casas e muros de alvenaria, fossas sépticas, calçamento de concreto sextavado, postes de energia elétrica, quiosque e tanque ornamental', que 'a destruição dessa estrutura não garantiria a restauração da vegetação ao seu *status quo*, pois os entulhos e resíduos poderiam permear o solo e se tornarem, na verdade, um inconveniente à pretendida restituição da área ao que era antes', que 'o TAC firmado contou com a assistência de profissional da Engenharia Agrônoma, que propôs um projeto técnico de compensação ambiental para a recuperação dos 14.867,95 metros quadrados ocupados na faixa de APP, por meio do plantio de 2.479 mudas de espécies nativas da região', que 'essa providência, embora insuficiente para restaurar a vegetação original, parece ser a medida mais adequada à singularidade do caso, à luz do princípio da proporcionalidade e do bom senso', concluindo que 'o TAC abarca plenamente o requerido nessa ação civil pública, que não inclui demolição de obra preexistente a sua propositura'. Assim, a alteração de tal conclusão exigiria o exame do acervo fático-probatório constante dos autos, providência vedada, em sede de Recurso Especial, a teor do óbice previsto na Súmula 7/STJ. Precedentes: STJ, AgRg no REsp 1.489.001/PR, Rel. Ministro Mauro Campbell Marques, Segunda Turma, *DJe* de 18.05.2015; STJ, AgRg no REsp 1.467.045/RS, Rel. Ministro Mauro Campbell Marques, Segunda Turma, *DJe* de 20.04.2015; STJ, AgRg no REsp 1.299.423/DF, Rel. Ministro Herman Benjamin, Segunda Turma, *DJe* de 12.09.2013.

O já citado Sendim acrescenta que: "Até porque, mesmo nos casos em que a restauração natural como forma de reparação *integral* do dano se revele desproporcional, haverá normalmente alternativas de reintegração natural *parcial* proporcionais (*nota suprimida*)". (Sendim, 1998. p. 225.)

---

52. STJ. AgInt no AREsp: 868437 SP 2016/0042099-1, Relator: Ministro Luís Felipe Salomão, 4ª Turma, DJe 28.03.2017.

Capítulo 7
DANO AMBIENTAL E PRESCRIÇÃO

O tema da prescrição é um dos mais polêmicos quando se trata de responsabilidade civil ambiental e do próprio direito ambiental em geral. A tese da imprescritibilidade dos danos ambientais (rectius: das ações para ressarcimento dos danos) parte do pressuposto de o reconhecimento da prescrição acarretaria deixar boa parte dos danos ambientais sem a necessária recuperação, haja vista que eles podem ter efeitos futuros que seriam acobertados pelo manto prescricional.

A defesa de um regime prescricional para os danos ao meio ambiente, por sua vez, parte de uma concepção abrangente da ordem jurídica que, em última instância, tem como um de seus objetos a estabilidade das relações sociais. A prescrição, como regra geral do direito, só poderia ser excepcionada com expressa previsão legal.

7.1 A PRESCRIÇÃO É A REGRA NA ORDEM JURÍDICA

A ordem jurídica busca a estabilidade e a previsibilidade. As suas mudanças se fazem ao longo do tempo, em um processo de constantes acomodações entre o passado, o presente e, em alguma medida, o futuro. Até mesmo os atos ilegais praticados no passado podem ser legitimados com o passar do tempo, buscando-se a sua acomodação sob a ordem jurídica contemporânea. A *segurança jurídica*, entendida como a certeza de que se pode contar com regras de direito, com a sua aplicação igual e, em determinadas circunstâncias, criadas ou qualificadas pelo direito, como os direitos adquiridos e protegidos pelo sistema judicial (Larenz, 1985), é um elemento fundamental para a vida em sociedade e a prescrição é um dos seus principais alicerces., pois evita que o passado permaneça eternamente em aberto.

A prescrição é uma das consequências do tempo sobre o direito. Conforme nos lembra Miguel Maria Serpa Lopes (1996) ela possui significação jurídica, assim como as manifestações de vontade e os demais atos aquisitivos de direitos. O tempo é um elemento que se soma aos requisitos formadores de um direito, haja vista que após determinadas situações de fato, impõe-se o transcurso de um lapso temporal, consolidando uma realidade jurídica. Francisco Clementino San Tiago Dantas (1979) lecionava que a influência do tempo no direito, causada pela inércia do titular, serve a vários propósitos, inclusive o estabelecimento da segurança das relações sociais. A passagem do tempo sem que se modifique o estado atual das coisas impede que se exponham as pessoas à insegurança que o direito de reclamar mantém sobre todos. Para San Tiago Dantas, a prescrição tem uma de suas raízes e, uma das razões da própria ordem jurídica: a previsibilidade.

O STJ, mediante a edição da Súmula 613 do Superior Tribunal de Justiça entende que "não se admite a aplicação da teoria do fato consumado" em tema de direito ambiental, por outro lado, o Supremo Tribunal Federal[1] ao decidir questão relativa à linha de preamar médio de 1831[2] tem entendido que "procedem da legislação infraconstitucional *as dificuldades práticas decorrentes* (i) da opção legislativa de adotar a linha do preamar médio de 1831 como ponto de referência para medição dos terrenos de marinha (Decreto-lei 9.760/1946), e (ii) das transformações, naturais ou *artificiais, ocorridas ao longo dos anos, como os aterramentos e as alterações do relevo acumuladas.*" Isto, a Corte reconhece a influência do tempo na transformação do direito e as mudanças de fato, mesmo as artificiais. O que o STF afirma é que (a) fatos consolidados e (b) passagem do tempo alteram o mundo jurídico e que não se pode negar realidades de fato.

O STF, ao julgar a constitucionalidade da Lei 12.651/2012,[3] em voto do Ministro Relator Luiz Fux, afirmou que o "princípio da segurança jurídica recomenda ao legislador que promova prazos razoáveis ao edificar novos marcos regulatórios, a fim *de estabilizar situações jurídicas consolidadas pelo tempo*". A discussão específica dizia respeito à regularização ambiental de áreas consolidadas e ocupadas antes de 22 de julho de 2008, mesmo que em contravenção às normas vigentes à época. O voto do relator vai mais adiante: "Se o Congresso Nacional pode até mesmo conceder anistia de crimes, ex vi do art. 48, VIII, da Constituição, não se pode extrair do texto constitucional proibição apriorística do estabelecimento legislativo de um marco temporal para a relativização da responsabilidade civil-ambiental por fatos a ela pretéritos". Por fim, conclui-se que a fixação de regras de transição é "comum" a leis que "promovem profunda alteração na disciplina de determinada área jurídica."

O tempo exerce uma enorme influência no direito, servindo como berço ou túmulo para situações jurídicas concretas. No mundo físico, não é diferente. Um

---

1. STF RE 636199/ES. Rel. Min. Rosa Weber DJe-170, publicação 03.08.2017. O processo deu margem à edição do TEMA 676, cuja tese fixada foi a seguinte: A Emenda Constitucional 46/2005 não interferiu na propriedade da União, nos moldes do art. 20, VII, da Constituição da República, sobre os terrenos de marinha e seus acrescidos situados em ilhas costeiras sede de Municípios.

2. Decreto-Lei 9.760/1946, Art. 2º.

3. O tema foi abordado no julgamento conjunto da Ação Declaratória de Constitucionalidade (ADC) 42 e das Ações Diretas de Inconstitucionalidade (ADIs) 4901, 4902, 4903 e 4937. Disponível em: http://www.stf.jus.br/portal/cms/verNoticiaDetalhe.asp?idConteudo=370937. Acesso em: 20 mar. 2020.

dos argumentos recorrentes em defesa da imprescritibilidade é que a poluição persiste por muitos anos e que, em tal condição, estar-se-ia atribuindo uma carta branca ao "direito de poluir". O argumento é frágil. De fato, se a poluição persiste ao longo dos anos, do ponto de vista da prescrição, isto é irrelevante. Em primeiro lugar, tem-se que a poluição que se prolonga no tempo é, claramente, um ilícito continuado e, portanto, a lesão ao direito se renova diariamente, impedindo o início da contagem do prazo prescricional.[4]

7.1.1 Prescrição e decadência

A prescrição e a decadência são institutos jurídicos assemelhados que, no entanto, não se confundem. A *prescrição* pode ser (a) aquisitiva ou (b) extintiva. A prescrição (a) aquisitiva gera direitos para o agente. O exemplo tradicional é a usucapião que é forma originária de aquisição de propriedade pela passagem do tempo, conjugada com a inércia do titular do bem usucapido. A prescrição (b) extintiva é a perda do direito sobre um bem pela omissão em exercê-lo em determinado lapso de tempo.

O CCB estabelece as regras gerais aplicáveis à prescrição [Arts. 205 e 206], pois há diferentes normas prescricionais espalhadas por outros textos legais. O *regime prescricional geral* é estabelecido pelo artigo 205 do CCB que fixou a termo máximo em 10 (dez) anos, "quando a lei não lhe haja fixado prazo menor". O artigo 206 define os prazos prescricionais para diferentes situações da vida prática. Os prazos prescricionais para matéria administrativa, consumerista, tributária, penal e outras são definidos por leis próprias. Neste ponto, é importante observar que *os demais prazos previstos no CCB são decadenciais*. Relembre-se que não havendo normas especiais sobre prescrição, aplica-se o regime geral.

O prazo prescricional começa a correr com a violação do direito ou a ciência de sua violação, pois nem sempre é possível saber o exato momento em que um determinado direito começou a ser violado [CCB, Art. 180]. É o caso, por exemplo, de contaminações químicas que, em muitas hipóteses, somente serão conhecidas pelas vítimas anos depois dos fatos que lhes deram origem. Esta, em linhas amplas, é a formulação do princípio da *actio nata*.[5]

---

4. STJ. Súmula 85. Nas relações jurídicas de trato sucessivo em que a Fazenda Pública figure como devedora, quando não tiver sido negado o próprio direito reclamado, a prescrição atinge apenas as prestações vencidas antes do quinquênio anterior à propositura da ação.

5. Responsabilidade civil. Indenização por danos materiais e morais. Prescrição. Termo inicial. Ciência inequívoca dos efeitos do ato lesivo. Teoria da *actio nata*. Viés subjetivo. Critérios. STJ – REsp 1.836.016-PR, Rel. Min. Ricardo Villas Bôas Cueva, Rel. *Acd*. Min. Nancy Andrighi, 3ª Turma, por maioria, julgado em 10. Maio 2022.

A prescrição está sujeita à (a) interrupção e à (b) suspensão; as causas de suspensão são estabelecidas em lei e impedem o seu início ou o seu curso; tendo em vista a impossibilidade do titular exercer o direito; entretanto, por não implicar em perecimento pode ser alegada como matéria de defesa. A *interrupção da prescrição* ocorre quando o titular do direito passa a efetivamente exercê-lo.

7.1.2 Alguns modelos de regime prescricional

A prescrição é regra na ordem jurídica. Em matéria de responsabilidade civil ambiental, há perplexidade diante do reconhecimento judicial da imprescritibilidade dos danos causados ao meio ambiente, sem a existência de norma legal própria.

A Lei 7.347, de 24 de julho de 1985 é omissa quanto ao particular, assim como a PNMA. O recurso ao exame de outros ordenamentos jurídicos, demonstra que há três modelos distintos sobre a matéria: (a) inexistência de uma regra própria sobre prescrição dos danos ambientais. (b) previsão expressa da prescrição dos danos ambientais e (c) previsão expressa de imprescritibilidade dos danos ambientais.

Na Argentina a Lei Geral do Ambiente[6] é omissa em relação à prescrição dos danos ambientais.; outros países como o Chile,[7] o México[8] e o Panamá[9] que estabelecem um marco temporal para a prescrição. Por sua vez, o Equador[10] reconhece a imprescritibilidade dos danos ambientais.

---

6. Disponível em: http://servicios.infoleg.gob.ar/infolegInternxos/75000-79999/79980/norma.htm. Acesso em: 29 nov. 2023.

7. Artículo 63. La acción ambiental y las acciones civiles emanadas del daño ambiental prescribirán en el plazo de cinco años, contado desde la manifestación evidente del daño. Disponível em: https://www.conaf.cl/wp-content/files_mf/1370463346Ley19300.pdf. Acesso em: 29 nov. 2023.

8. Artículo 203. Sin perjuicio de las sanciones penales o administrativas que procedan, toda persona que contamine o deteriore el ambiente o afecte los recursos naturales o la biodiversidad, será responsable y estará obligada a reparar los daños causados, de conformidad con la legislación civil aplicable.

    El término para demandar la responsabilidad ambiental, será de cinco años contados a partir del momento en que se produzca el acto, hecho u omisión correspondiente. Disponível em: http://www.ordenjuridico.gob.mx/Documentos/Federal/html/wo83191.html. Acesso em: 29 nov. 2023.

9. Artículo 115. Las acciones ambientales civiles prescriben a los diez años de la realización o conocimiento del daño. Disponível em: https://www.gacetaoficial.gob.pa/pdfTemp/28131_A/Gaceta-No_28131a_20161004.pdf. Acesso em: 29 nov. 2023.

10. Art. 305. Imprescriptibilidad de las acciones. Las acciones para determinar la responsabilidad por daños ambientales, así como para perseguirlos y sancionarlos serán imprescriptibles. La imprescriptibilidad de las acciones por el daño producido a las personas o a su patrimonio como consecuencia del daño ambiental, se regirán por la ley de la materia. Disponível em: https://www.ambiente.gob.ec/wp-content/uploads/downloads/2018/01/CODIGO_ORGANICO_AMBIENTE.pdf. Acesso em: 31 nov. 2023.

Nas demais jurisdições latino-americanas, o tema está sujeito às regras próprias do direito civil.

Em Portugal,[11] os danos causados ao meio ambiente prescrevem em 30 (trinta) anos. Na França, o artigo L 152-1 do Código do Ambiente[12] estabelece o prazo de 10 anos para a prescrição das obrigações financeiras ligadas à reparação dos danos causados ao meio ambiente por instalações, trabalhos e obras reguladas pelo Código do Ambiente, contados a partir do dia em que o titular da ação tenha tomado conhecimento, ou deveria ter tomado, da manifestação do dano.

Na Argentina, a lei não prevê expressamente os prazos de prescrição para os danos ambientais, bem como para a ação com vistas a buscar a reparação judicial dos danos ambientais, situação idêntica à do Brasil. A matéria de prescrição de ações e danos ambientais tem sido tratada de forma mais técnica do que no Brasil. O Código Civil e Comercial unificado,[13] no Livro Sexto estabelece as normas gerais de prescrição e decadência aplicáveis aos direitos reais e pessoais, conforme o artigo 2532, tais normas são aplicáveis na ausência de disposições específicas, como é o caso da ação de reparação de danos ao meio ambiente.

O artigo 2560 do Código estabelece um prazo genérico de 5 (cinco) anos para a prescrição, caso não haja disposição legal em sentido contrário. Conforme o disposto no artigo 2561, as ações indenizatórias de danos derivados de responsabilidade civil prescrevem em 3 (três) anos; já no prazo de 2 (dois) anos prescreve a ação de responsabilidade civil decorrentes de danos de natureza extracontratual.

É importante observar que a imprescritibilidade, tal como concebida na Argentina, exige duas condições: a (1) primeira que o dano seja atual, muito embora tenha se iniciado no passado. Em tal circunstância, parece claro que há uma renovação diária da lesão, não tendo início a contagem do prazo prescricional; a segunda (2) hipótese diz respeito à possibilidade de que se exija que o dano não seja causado, ou a cessação de sua atualidade. Entendem, acertadamente, os tribunais que há uma obrigação constitucional de não causar dano ao ambiente e que ela é exigível a todo tempo.

---

11. Artigo 33º. Prescrição. Consideram-se prescritos os danos causados por quaisquer emissões, acontecimentos ou incidentes que haja decorrido há mais de 30 anos sobre a efectivação do mesmo. Disponível em: https://dre.pt/pesquisa/-/search/454822/details/maximized. Acesso em: 31 de. 2023.

12. Article L152-1 'Les obligations financières liées à la réparation des dommages causés à l'environnement par les installations, travaux, ouvrages et activités régis par le présent code se prescrivent par dix ans à compter du jour où le titulaire de l'action a connu ou aurait dû connaître la manifestation du dommage. Disponível em: https://www.legifrance.gouv.fr/affichCodeArticle.do?cidTexte=LEGITEX-T000006074220&idArticle=LEGIARTI000033033531. Acesso em: 29 nov. 2023.

13. Disponível em: http://servicios.infoleg.gob.ar/infolegInternet/anexos/235000-239999/235975/norma.htm#48. Acesso em: 1º dez. 2023.

No Chile,[14] a ação para reparação de danos ambientais prescreve em 5 (cinco) anos, excepcionando a regra contida no artigo 2332[15] do Código Civil Chileno. Por outro lado, a Lei 19.330 estabelece em seu artigo 63 que o início da contagem do prazo prescricional se dá a partir da *manifestação evidente do dano*. O artigo determina que é a ciência do dano que dá início a fluência do prazo prescricional, no caso dos danos continuados e evidentes, tal prazo se renova diariamente. Cuidava-se, na hipótese, de lançamento clandestino de efluentes que perdurava por diversos anos, A Corte Suprema do Chile (CS, Rol 47890-2016, 02.03.2017[16]) tem entendimento no sentido de que que a renovação diária do dano ambiental não se confunde com imprescritibilidade

7.2 A IMPRESCRITIBILIDADE NA CONSTITUIÇÃO FEDERAL E A MATÉRIA AMBIENTAL

A Constituição Federal estabeleceu algumas poucas hipóteses de imprescritibilidade. O artigo 5º, XLII e XLIV determina que a prática do "racismo constitui crime inafiançável e imprescritível, sujeito à pena de reclusão, nos termos da lei" e que "constitui crime inafiançável e imprescritível a ação de grupos armados, civis ou militares, contra a ordem constitucional e o Estado Democrático". Em relação aos cofres públicos, a Constituição Federal, em seu artigo 37, § 5º estabelece como imprescritível a ação de ressarcimento, muito embora admita a prescrição dos atos ilícitos praticados "por qualquer agente, servidor ou não, que causem prejuízos ao erário".[17] O STF, em relação à prescrição da obrigação e ressarcimento ao Erário público, fixou o Tema 897: "São imprescritíveis as ações de ressarcimento ao erário fundadas na prática de ato doloso tipificado na Lei de Improbidade Administrativa." Por sua vez, o Tema 899 fixou a tese de que: "É prescritível a pretensão de ressarcimento ao erário fundada em decisão de Tribunal de Contas." Parece evidente que o STF fixou teses *diretamente contrárias ao texto* da CF.

O § 4º do artigo 231 da C.F. estipula que "[a]s terras de que trata este artigo são inalienáveis e indisponíveis, e os direitos sobre elas imprescritíveis". É uma

---

14. Vergara, José Illanes "¿Es imprescriptible el daño ambiental? Disponível em: http://www.derecho.uchile.cl/centro-de-derecho-ambiental/columnas-de-opinion/tribuna-de-ayudantes-jose-i-es-imprescriptible-el-dano-ambiental.html. Acesso em: 09 mar. 2020.

15. Art. 2332. Las acciones que concede este título por daño o dolo, prescriben en cuatro años contados desde la perpetración del acto. Disponível em: https://www.leychile.cl/Navegar?idNorma=172986. Aceso em: 11 mar. 2020.

16. Disponível em: http://www.derecho.uchile.cl/centro-de-derecho-ambiental/columnas-de-opinion/tribuna-de-ayudantes-jose-i-es-imprescriptible-el-dano-ambiental. Acesso em: 31 maio 2021.

17. Supremo Tribunal Federal. RE 852475 ED / SP. Relator: Ministro Edson Fachin. Julgamento: 25.10.2019. Pleno. DJe-245, publicação 11.11.2019.

importante exceção ao regime geral de prescrição e, como tal, só pode ser aplicado restritamente, não servindo de parâmetro para aplicações com base na *analogia iuris* (Antunes, 2021).

O tema de prescrição tem sido suscitado com muita ênfase quando se cuida da proteção ambiental. O STF reconheceu a Repercussão Geral no Recurso Extraordinário [RE] 654833 cuja questão de fundo diz respeito à uma ação civil pública movida em face de supostos desmatadores em área indígena localizada no Estado do Acre, tendo fixado, por maioria, o tema 999 de Repercussão Geral, com a seguinte tese: "É imprescritível a pretensão de reparação civil de dano ambiental". É interessante observar que, na ementa da decisão constam os seguintes trechos: "2 – Em nosso ordenamento jurídico, a regra é a prescrição da pretensão reparatória. A imprescritibilidade, por sua vez, é exceção. Depende, portanto, de fatores externos, que o ordenamento jurídico reputa inderrogáveis pelo tempo." Surpreendentemente, o trecho seguinte afirma: "3. Embora a Constituição e as leis ordinárias não disponham acerca do prazo prescricional para a reparação de danos civis ambientais, sendo regra a estipulação de prazo para pretensão ressarcitória, a tutela constitucional a determinados valores impõe o reconhecimento de pretensões imprescritíveis".

O Recurso Extraordinário [RE] 654833 teve por origem o REsp. 1120117/AC,[18] de cuja ementa destaca-se: "O direito ao pedido de reparação de danos ambientais, dentro da logicidade hermenêutica, está protegido pelo manto da imprescritibilidade, por se tratar de direito inerente à vida, fundamental e essencial à afirmação dos povos, *independentemente de não estar expresso em texto legal.*" E mais: "O dano ambiental inclui-se dentre os direitos indisponíveis e como tal está dentre os poucos acobertados pelo manto da imprescritibilidade a ação que visa reparar o dano ambiental." A argumentação apresentada pelo STF foi, essencialmente, a mesma constante da decisão do STJ: "Diante desse arcabouço jurídico, resta definirmos qual o prazo prescricional aplicável aos casos em que se busca a reparação do dano ambiental. Sabemos que a regra é a prescrição, e que o seu afastamento deve apoiar-se em previsão legal. É o caso da imprescritibilidade de ações de reparação dos danos causados ao patrimônio público, regra prevista na Constituição Federal de 1988, no art. 37, § 5º." A decisão, após reconhecer a necessidade de previsão legal para que exista uma exceção ao regime prescricional, avança no sentido de firmar o seguinte entendimento: " Entretanto, o direito ao pedido de reparação de danos ambientais, dentro da logicidade hermenêutica, também está protegido pelo manto da imprescritibilidade, por se tratar de direito

---

18. Reconhecida a Repercussão Geral pelo Supremo Tribunal Federal. Disponível em: http://portal.stf.jus.br/processos/detalhe.asp?incidente=4130104. Acesso em: 18 mar. 2020.

inerente à vida, fundamental e essencial a afirmação dos povos, independentemente de estar expresso ou não em texto legal".

Assim, causa perplexidade que ambas as Cortes Superiores, *expressamente*, reconheçam que (a) não há lei específica dispondo sobre o regime de prescrição ambiental e (b) dado que o direito ao meio ambiente é indisponível, daí decorre a sua imprescritibilidade. A disponibilidade ou indisponibilidade de direitos não é critério definidor de regime prescricional, como tem sido decidido pelo STJ, em caso de direito previdenciário, *in verbis*:

> De acordo com a jurisprudência do STJ, entende-se que "embora o direito material à concessão inicial do benefício seja imprescritível, na medida em que representa direito fundamental indisponível, o direito processual de ação, cujo objetivo é reverter o ato administrativo que suspendeu o benefício, estará sujeito à prescrição do art. 1º do Decreto 20.910/32, surgindo o direito de ação ou a actio nata com a suspensão, no caso, do auxílio-doença" (REsp 1725293/PB, Rel. Ministro Herman Benjamin, Segunda Turma, julgado em 10.04.2018, DJe 25.05.2018).[19]

A imprescritibilidade, no caso, não está amparada pelo direito à vida, como o voto afirma. Por se cuidar de danos ambientais em terras indígenas, a resposta jurídica para a questão é muito mais simples: O § 4º do artigo 231 da Constituição Federal estabelece a imprescritibilidade dos direitos sobre as terras indígenas. Cuida-se, evidentemente, de *um regime jurídico especial que não se confunde com o regime geral aplicável aos danos ambientais fora de terras indígenas*. A argumentação da decisão, no entanto, se afasta do caso concreto. Salvo engano, o § 4º do artigo 231 da CF não é citado uma única vez.

Não é difícil perceber que toda a argumentação acima não tem base em norma jurídica. A imprescritibilidade, no caso, não está amparada por um suposto direito à vida, como criativamente, o voto trata a questão. Por se cuidar de danos ambientais em terras indígenas, a resposta jurídica para a questão é muito mais simples: O § 4º do artigo 231 da Constituição Federal estabelece a imprescritibilidade dos direitos sobre as terras indígenas. Cuida-se, evidentemente, de um regime jurídico especial que não se confunde com o regime geral aplicável aos danos ambientais fora de terras indígenas.

Afastar a incidência da prescrição aos danos ambientais não assegura mais proteção ao meio ambiente, muito embora crie uma "alteração adversa" da ordem jurídica. A inexistência da prescrição em matéria ambiental é excepcional e, por isso, necessita expressa previsão legal.

---

19. STJ. REsp: 1756827 PB 2018/0191626-6, Relator: Ministro Francisco Falcão, Data de Julgamento: 11.12.2018, T2 – Segunda Turma, Data de Publicação: DJe 17.12.2018.

A discussão sobre a prescrição dos danos ambientais é extremamente relevante e tem sido tratada de forma ligeira, olvidando-se de preceitos fundamentais do direito que servem de base para a própria ordem jurídica, no interior da qual a proteção ambiental ocupa lugar de destaque. O decurso do tempo tem influência fundamental no direito e não é diferente no direito ambiental. A existência de um passado juridicamente aberto, salvo expressa disposição legal, é uma ameaça à sociedade, pois age diretamente contra uma das finalidades da ordem jurídica que é a estabilidade das relações sociais e legais. O que se observa na jurisprudência ora vigente sobre a matéria é uma concepção voluntarista que busca moldar a realidade ao entendimento contingente da Corte.

A evidente fragilidade conceitual do Tema 999, fez com que o STF revisitasse a matéria da prescrição em relação aos danos ambientais e fê-lo mediante a edição do Tema 1268, havendo fixado a seguinte tese: É imprescritível a pretensão de ressarcimento ao erário decorrente da exploração irregular do patrimônio mineral da União, porquanto indissociável do dano ambiental causado." A solução é confusa, pois mistura dano ambiental próprio cuja natureza é eminentemente extrapatrimonial, com danos patrimoniais ao Erário público federal. Como se sabe, os danos patrimoniais à Fazenda Pública prescrevem em cinco anos, de acordo com o disposto no artigo 1º do Decreto 20.910/1932.

REFERÊNCIAS

AGÊNCIA NACIONAL DE ÁGUAS. *Cobrança pelo uso de recursos hídricos.* Brasília: ANA, 2019.

ANDRADE, André Gustavo. Dano Moral & Indenização Punitiva – *Os Punitive Damages na Experiência do* Common Law *e na Perspectiva do Direito Brasileiro.* 2. ed. Rio de Janeiro: Lúmen Juris, 2009.

ANTUNES, Paulo de Bessa. A formação da política nacional do meio ambiente. *Direito das Políticas Públicas.* Rio de Janeiro, v. 1, n. 1, p. 7-28, jan./jun. 2019.

ANTUNES, Paulo de Bessa. *Dano ambiental.* 2. ed. São Paulo: Atlas, 2015.

ANTUNES, Paulo de Bessa. *Direito Ambiental.* 23. ed. São Paulo: Atlas, 2023.

ANTUNES, Paulo de Bessa. *Uma nova introdução ao direito.* 3. ed. Rio de Janeiro: Lúmen Juris, 2021.

ARAGÃO, Maria Alexandra de Sousa. *O princípio do poluidor pagador* – pedra angular da política comunitária do ambiente. Coimbra: Coimbra Editora. 1997.

ARAUJO, Romana Coêlho. *Valoração econômica do dano ambiental em inquérito civil público.* Brasília: Escola Superior do Ministério Público da União. 2011.

ARENDT, Hannah. *Responsabilidade e julgamento.* São Paulo: Companhia das Letras. 2004.

ASSIER-ANDRIEU, Louis. *O direito nas sociedades humanas.* São Paulo: Martins Fontes. 2000.

AUBERT, Jean-Luc. *Introduction au droit et thèmes fondamentaux du droit civil.* 4ème. Paris: Armand Colin, 1990.

ÁVILA, Humberto. *Segurança jurídica* – entre permanência, mudança e realização no direito tributário. São Paulo: Malheiros, 2011.

ÁVILA, Humberto. *Teoria dos princípios* – da definição à aplicação dos princípios jurídicos. 3. ed. São Paulo: Malheiros, 2008.

BAHIA, Carolina Medeiros. A responsabilidade civil em matéria ambiental, in, FARIAS, Talden e TRENNEPOHL, Terence. *Direito ambiental brasileiro.* São Paulo: Ed. RT, 2019.

BANCO MUNDIAL. *Avaliação de Perdas e Danos*: Inundações e Deslizamentos na Região Serrana do Rio de Janeiro -Janeiro de 2011. Relatório elaborado pelo Banco Mundial com apoio do Governo do Estado do Rio de Janeiro. Novembro de 2012.

BATALHA, Wilson de Souza Campos. *Introdução ao estudo do direito.* Rio de Janeiro: Forense, 1981.

BECHARA, Erika. *Licenciamento e compensação ambiental na lei do sistema nacional das unidades de conservação (SNUC).* São Paulo: Atlas, 2009.

BECK, Ulrich. *Sociedade de risco* – rumo a uma outra modernidade. 2. ed. São Paulo: Editora 34, 2011

BENJAMIM, Antonio Herman. Responsabilidade civil pelo dano ambiental. *Revista de Direito Ambiental*. RDA 9/5. jan./mar. 1998.

BENJAMIN, Antonio Herman V. O princípio poluidor-pagador e a reparação do dano ambiental. In: BENJAMIN, Antonio Herman V. *Dano ambiental* – prevenção, reparação e repressão. São Paulo: Ed. RT, 1993.

BETIOL, Luciana Stocco. *Responsabilidade civil e proteção do meio ambiente*. São Paulo: Saraiva, 2010.

BITTAR, Carlos Alberto. *Direito das obrigações*. Rio de Janeiro: Forense Universitária, 1990.

BITTAR, Carlos Alberto. *Responsabilidade civil nas atividades nucleares*. São Paulo: Ed. RT, 1985

BRASIL. Política Nacional de Defesa Civil. Brasília: Ministério da Integração Nacional. Secretaria Nacional de Defesa Civil. 2007.

BREYER, Stephen. *Breaking the vicious circle* – toward effective risk regulation. Cambridge (Mass): Harvard University Press, Second printing, 1994.

CABALLERO, Francis. *Essai sur la notion juridique de nuissance*. Paris: Librairie Générale de Droit et de Jurisprudence, 1981.

CABANA, Roberto M. López (Coord.). *Responsabilidad civil objectiva*. Buenos Aires: Abelardo-Perrot, 1995.

CALABRESI, Guido. *The cost of accidents* – a legal and economic analysis. New Haven and London: Yale University Press, 1970.

CARSON, Rachel. *Silent spring* – with an introduction by Vice President Al Gore. Boston, New York: Houghton Mifflin Company, 1962 [1994].

CARVALHO, Délton Vinter. *Dano ambiental futuro* – a responsabilização civil pelo risco ambiental. Rio de Janeiro: Forense Universitária, 2004.

CARVALHO, Délton Vinter. *Gestão jurídica ambiental*. São Paulo: Ed. RT, 2017.

CARVALHO, Washington Rocha; MARTINS, Pedro A. Batista; DONNINI, Rogério e OLIVEIRA, Gleydon Kleber Lopes. *Comentários ao Código Civil Brasileiro*. Rio de Janeiro: Forense, 2013. v. VIII.

CASTRO, Antônio Luiz Coimbra. *Glossário de defesa civil, estudos de risco e medicina de desastres*. 2. ed. Brasília: Ministério do Planejamento e Orçamento. Secretaria Especial de Políticas Regionais. Departamento de Defesa Civil, 1998

CAVALIERI F., Sérgio. *Programa de responsabilidade civil*. 16. ed. Barueri: Atlas, 2023.

CUSTÓDIO, Maraluce M. *A importância da valoração econômica na proteção jurídica do meio ambiente*. Rio de Janeiro: Lúmen Juris, 2017.

DANTAS, Francisco Clementino San Tiago. *Programa de Direito Civil* – aulas proferidas na Faculdade Nacional de Direito (1942-1945). Parte Geral. 4. tir. Rio de Janeiro: Editora Rio, 1979.

DANTAS, Marcelo Buzaglo e CRPPA, Fernanda de Oliveira. *Política Nacional do Meio Ambiente*. In: FARIAS, Talden e TRENNEPOHL, Terence (Coord.). *Direito Ambiental Brasileiro*. 2. ed. São Paulo: Ed. RT, 2021.

DI PIETRO, Maria Sylvia Zanella. *Direito Administrativo*. 35. ed. São Paulo: Atlas, 2022.

DINIZ, Maria Helena. *Responsabilidade civil* (Curso de direito civil brasileiro). 25. ed. São Paulo: Saraiva, 2011.

DOUGLAS, Mary e WILDAVSKY, Aaron. *Risk and culture* – an essay on the selection of technology and environmental dangers. Berkely: Los Angeles: London: University of California Press, 1983.

DOUGLAS, Mary. *Purity and danger* – an analysis of the concepts of pollution and taboo. London and New York: Routledge, 1996.

DOUGLAS, Mary. *Risk and blame* – Essays on cultural theory. London and New York. Routledge, 1994.

DWORKIN, Ronald. *Levando os direitos a sério*. São Paulo: Martins Fontes, 2002.

ELLIOT, Robert. *Faking nature*: the ethics of environmental restoration. London and New York: Routledge, 1997.

EWALD, François. *Foucault* – a norma e o direito. Lisboa: Vega, 1993.

FAURE, Michael G. e PERTAIM, Roy A. *Environmental law and economics* – theory and practice. Cambridge: Cambridge University Press, 2019.

FROTA, Pablo Malheiros da Cunha. *Responsabilidade por danos* – imputação e nexo de causalidade. Curitiba: Juruá, 2014.

FURLAN, Anderson e FRACALOSSI, Willian. *Direito ambiental*. Rio de Janeiro: Forense, 2010.

GOMES, Carla Amado. *Risco e modificação do acto autorizativo concretizador de deveres de proteção do ambiente*. Dissertação de doutoramento em Ciências Jurídico-Políticas (Direito Administrativo). Lisboa: Faculdade de Direito da Universidade de Lisboa, 2007.

GOMES, Luiz Roldão de Freitas. Elementos de responsabilidade civil. Rio de Janeiro: Renovar. 2000.

GRANZIERA, Maria Luiza Machado. *Direito Ambiental*. 3. ed. São Paulo: Atlas, 2014.

GREVE, Michael S. Introduction: environmental politics without romance. In: GREVE, Michael S. e SMITH Jr, Fred L. (Edited by). *Environmental politics* – public costs, private rewards. New York: Westport, Connecticut: PRAEGER, 1992.

JONAS, Hans. *O princípio responsabilidade* – ensaio de uma ética para a civilização tecnológica. Rio de Janeiro: Contraponto: Editora PUC-RIO, 2006.

JONAS, Hans. *O princípio vida* – fundamentos para uma biologia filosófica. Petrópolis: Vozes, 2004.

JOURDAIN, Patrice. *Les principes de la responsabilité civile*. 9ème. Paris: Dalloz, 2014.

KALIL, Ana Paul Maciel Costa. *Política nacional de resíduos sólidos* – o direito dos novos tempos. Curitiba: Juruá, 2015.

KELSEN, Hans. *O que é justiça?* São Paulo: Martins Fontes, 1997.

LARENZ, Karl. *Derecho justo* – fundamentos de etica juridica. Madrid: Editorial Civitas, 1985.

LARENZ, Karl. *Derecho Justo* – Fundamentos de Ética Jurídica. Madrid: Editorial Civitas, 1985.

LARENZ, Karl. *Metodologia de la ciencia del derecho*. Barcelona: Ariel, 1980.

LEMOS, Patrícia Faga Iglecias. *Meio ambiente e responsabilidade civil o proprietário* – análise do nexo causal. 2. ed. São Paulo: Ed. RT, 2012.

LOPES, Miguel Maria Serpa. *Curso de Direito Civil* – Introdução, Parte Geral e Teoria dos Negócios Jurídicos. 8. ed. Rio de Janeiro: Freitas Bastos, 1996. v. I.

LÓPEZ, María Asunción Torres e García Estanislao Arana. *Derecho ambiental* (adaptado al EEES). Madrid: Tecnos. Segunda Edición, 2015.

LOURENÇO, Daniel Braga. *Qual o valor da natureza?* São Paulo: Elefante, 2019.

MACHADO, Paulo Affonso Leme e ARAGÃO, Maria Alexandra de Sousa. *Princípios de direito ambiental*. São Paulo: JurisPodivm, 2022.

MACHADO, Paulo Affonso Leme. *Direito ambiental brasileiro*. 29. ed. São Paulo: Juspodivm, 2023.

MAGALHÃES, Juraci Perez. *Recursos naturais, meio ambiente e sua defesa no direito brasileiro*. Rio de janeiro: Fundação Getúlio Vargas, 1982.

MATTIETTO, Leonardo. Desastres ambientais, responsabilidade e reparação integral: um percurso jurídico-literário. *Civilistica.com*. Rio de Janeiro, a. 9, n. 3, 2020. Disponível em: http://civilistica.com/desastres-ambientais-responsabilidade/. Acesso em: 22 nov. 2023.

MELO, Marco Aurélio Bezerra. *Responsabilidade civil*. 3. ed. Rio de Janeiro: Forense, 2019.

MILARÉ, Édis. *Direito do Ambiente*. 11. ed. São Paulo: Ed. RT, 2018.

MIRRA, Álvaro Luiz Valery. Responsabilidade civil ambiental e a questão dos sujeitos responsáveis à luz da Lei 6.938/1981. In: GUERRA, Sidney; FARIAS, Talden e AVZARADEL, Pedro. *Política Nacional do Meio Ambiente* – 40 anos da Lei 6.938/1981. Curitiba: Instituto Memória Editora. 2021.

MOREIRA NETO, Diogo de Figueiredo. *Introdução ao direito ecológico e ao direito urbanístico*. Rio de Janeiro: Forense, 1977.

MOREIRA, Danielle de Andrade. *Responsabilidade ambiental pós-consumo* – prevenção e reparação de danos à luz do princípio do poluidor-pagador. São Paulo: Letras jurídicas; Rio de Janeiro: Ed. PUC-Rio, 2015.

MOREIRA, Egon Bockman; BAGATIN, Andreia Cristina; ARENHART, Sérgio Cruz e FERRARO, Marcella Pereira. *Comentários à lei da ação civil pública*. São Paulo: Ed. RT, 2016.

MULHOLLAND, Caitlin Sampaio. *A responsabilidade civil por presunção de causalidade*, Rio de Janeiro: GZ editora, 2009.

NIETZSCHE. Friederich. *Escritos sobre direito*. Rio de Janeiro: Editora PUC-RIO: Edições Loyola, 2009.

NOHARA, Irene Patrícia Diom. *Direito Administrativo*. 11. ed. São Paulo: Atlas, 2021.

NORONHA, Fernando. *Direto das obrigações*. 3. ed. São Paulo: Saraiva, 2010.

NUSDEO, Ana Maria de Oliveira. *Pagamento por serviços ambientais* – sustentabilidade e disciplina jurídica. São Paulo: Atlas. 2012.

OLIVEIRA, Heli Alves. *Da responsabilidade do estado por danos ambientais*. Rio de Janeiro: Forense, 1990.

OST, Framçois. *A natureza à margem da lei*. Lisboa: Instituto Piaget, 1997.

OST, François. O tempo do Direito. Bauru: EDUSC, 2005.

PERALES, Carlos de Miguel. La *responsabilidad civil por daños al medio ambiente*. Madrid: Civitas, 1997.

PEREIRA, Caio Mário da Silva. Responsabilidade civil. 2. ed. Rio de Janeiro: Forense, 1990.

PINHO, Hortênsia Gomes. *Prevenção e reparação de danos ambientais*. Rio de Janeiro: GZ editora, 2010.

POSNER, Richard A. *Problemas da filosofia do direito*. São Paulo: Martins Fontes, 2007.

POSNER, Richard A. *The economics of justice*. Cambridge Massachusetts and London: Harvard University Press, 1983.

RÈMOND-GOUILLOUD, Martine. Du *droit de détruire* – essai sur le droit de l'environnement. Paris: PUF, 1989.

REZENDE, Elcio Nacur e SILVA, Larrissa Gabrielle Braga. Contaminação do rio Sergipe e responsabilidade civil ambiental: teoria do risco integral ou punitive damages? In: MÁXIMO, Maria Flávia Cardoso; VIEIRA, Gabriella de Castro e REZENDE, Elcio Nacur (Org.). *Responsabilidade civil por danos ao meio ambiente*: efetividade e desafios. Belo Horizonte: Editora D'Plácido, 2016.

SALIBA, Alexandre Berzosa. *Do poluidor indireto*. Rio de Janeiro: Lúmen Juris, 2022.

SALZMAN, James e THOMPSON JR., Barton H. *Environmental law, and politics*. 5th ed. St Paul: Foundation Press, 2019.

SARLET, Ingo Wolfgang e FENSTERSEIFER, Tiago. *Curso de direito ambiental*. 3. ed. Rio de janeiro: Forense, 2022.

SARLET, Ingo Wolfgang e FENSTERSEIFER, Tiago. *Princípios do direito ambiental*. São Paulo: Saraiva, 2014.

SENDIM, José de Souza Cunhal. *Responsabilidade civil por danos ecológicos* – da reparação do dano através da restauração natural. Coimbra: Coimbra Editora. 1998.

SILVA, Danny Monteiro. *Dano ambiental e sua reparação*. Curitiba: Juruá, 2006.

SILVEIRA, Clóvis Eduardo Malinverni. *Risco ecológico abusivo* – a tutela do patrimônio ambiental nos processos coletivos em face do risco socialmente intolerável. Caxias do Sul: EDUCS, 2014.

SIQUEIRA, Lyssandro Norton. *Qual o valor do meio ambiente?* Previsão normativa de parâmetros para a valoração econômica do bem natural impactado pela atividade minerária. Rio de Janeiro: Lúmen Juris, 2017.

STERMAN, Sonia. *Responsabilidade do estado*. São Paulo: RT. 1992.

STONE, Christopher D. *The gnat is older than man*. Princeton: Princeton University Press, 1995.

SUNSTEIN, Cass R. *Risk and reason* – safety, law, and the environment. Cambridge: Cambridge University Press, 2004.

TARTUCE, Flávio. *Direito das obrigações e responsabilidade civil*. 16. ed. Rio de Janeiro: Forense, 2021. v. 2.

TARTUCE, Flávio. *Responsabilidade civil objetiva e risco* – a teoria do risco concorrente. São Paulo: Método, 2011.

TEIXEIRA NETO, Felipe. *Responsabilidade civil objetiva* – da fragmentariedade à reconstrução sistemática. Indaiatuba: Editora Foco, 2022.

TEPEDINO, Gustavo; TERRA, Aline de Miranda Valverde e GUEDES, Gisela Sampaio da Cruz. *Responsabilidade civil*. 2. ed. Rio de Janeiro: Forense, 2021.

TRUILHÉ-MARENGO, Eve. *Droit de L'environnemt de L'Union européene*. Bruxelles: Larcier. 2015.

VAZ, Caroline. *Funções da responsabilidade civil* – da reparação à punição e dissuasão – os *punitive damages* no direito Comparado e Brasileiro. Porto Alegre: Livraria do Advogado, 2009.

VAZ, Paulo Afonso Brum. *O direito ambiental e os agrotóxicos*. Porto Alegre: Livraria do advogado, 2006.

VENOSA, Sílvio de Salvo. *Direito civil*: responsabilidade civil. 5. ed. São Paulo: Atlas, 2005.

VIANA, Iasna Chaves. *Riscos, complexidade e a responsabilidade civil ambiental*. Rio de janeiro: Lúmen juris. 2019.

VIANNA, José Ricardo Alvarez. *Responsabilidade civil por danos ao meio ambiente* – à luz do novo código civil. 3. tir. Curitiba: Juruá, 2006.

VIEIRA, Patrícia Ribeiro Serra. *A responsabilidade civil objetiva no direito de danos*. Rio de Janeiro: Forense, 2005.

YÁGÜEZ, Ricardo de Angel. *Algunas previsiones sobre el futuro de la responsabilidad civil (con espacial atención a la reparación del daño)*. Madrid: Editorial Civitas, 1995.

ZAPATER, Tiago Cardoso. Responsabilidade civil do poluidor indireto e do causador do dano ambiental – observações e distinções sobre a solidariedade na obrigação de reparar o dano. In: ROSSI, Fernado F; DELFINO, Lúcio; MOURÃO, LUIZ Eduardo Ribeiro e GUETTA, Maurício (Coord.). *Aspectos controvertidos do direito ambiental* – tutela material e tutela processual. Belo Horizonte: Fórum, 2013.

ZIPPELIUS, Reinhold. *Introdução ao estudo do direito*. Belo Horizonte: Editora Del Rey, 2006.

- V Jornada de Direito Civil – Enunciado 443.

O caso fortuito e a força maior somente serão considerados como excludentes da responsabilidade civil quando o fato gerador do dano não for conexo à atividade desenvolvida.

- V Jornada de Direito Civil – Enunciado 445.

O dano moral indenizável não pressupõe necessariamente a verificação de sentimentos humanos desagradáveis como dor ou sofrimento.

ANOTAÇÕES